Con cariño de
Mamá.

9/3/1999

Verduras

Cocinar mejor que nunca

Verduras

El gran libro de cocina ilustrado
a todo color

Con las mejores recetas creadas por Elke Alsen, Marey Kurz,
Annedore Meineke, Brigitta Stuber y Annette Wolter

Dirección editorial
Annette Wolter

Fotografías en color
Odette Teubner

EDITORIAL EVEREST, S. A.

MADRID • LEON • BARCELONA • SEVILLA • GRANADA • VALENCIA
ZARAGOZA • LAS PALMAS DE GRAN CANARIA • LA CORUÑA
PALMA DE MALLORCA • ALICANTE – MEXICO • BUENOS AIRES

En este libro encontrará

Ensaladas y guarniciones exquisitas

Especialidades

Lo que conviene saber sobre las verduras

Índice general de la A a la Z

Las recetas ordenadas por verduras y hortalizas

Cuando vaya a comprar, una oferta especial de verdura fresca le inducirá a cambiar espontáneamente la planificación de la comida. Este índice de recetas le ayudará en la manera de preparar las verduras.

Presentación

La verdura fresca es uno de los capítulos más atractivos del arte culinario y un tema inagotable, especialmente para los cocineros creativos. Ello se debe a la variedad de la oferta de las diferentes verduras nacionales y también de importación, que se encuentran en el mercado durante todo el año. En los últimos años hemos aprendido también, sobre todo a través de nuestras experiencias culinarias en el extranjero, lo maravillosamente diferente que puede saber la verdura, con sólo prepararla de otra forma. Otra razón para la creciente popularidad de las verduras es su alto valor de salubridad. Son ricas en vitaminas y minerales y muy pobres en calorías.

Para cocinar de forma exquisita las verduras existe este libro de cocina ilustrado en color. Sólo con hojear sus atractivas fotos, observará las múltiples y variadas formas en que se pueden preparar las verduras. Aquí no sólo va a descubrir platos populares y conocidos como los pimientos rellenos y los rollitos de col, sino que también encontrará preparaciones seductoras, poco conocidas, como por ejemplo los suflés de verdura, verduras maceradas, verduras guisadas con pescado o ave, gratinados vigorosos, exquisitos purés como acompañamientos delicados, un pastel de acelgas, una tarta de calabacines o una pizza de alcachofas. Para descubrir el valor de las verduras desde el principio, en la siguiente página encontrará consejos para su compra. A continuación, puede ver detallados en fotos paso a paso, descriptivas y fáciles de seguir, los diferentes métodos de cocción apropiados para las verduras. El gran número de recetas facilita que encuentre la correcta para cada ocasión y pueda probar algo nuevo. La clara división del libro facilita la orientación.

En el primer capítulo encontrará deliciosas sopas de verdura, entradas y pequeños guisos. Además de las sopas y cremas conocidas como la de tomates, hay entre otras muchas, por ejemplo una minestrone —la conocida sopa de verduras italiana— o una sopa fina con acederas (que encontrará ya en algunos mercados).

En el apartado de las entradas, los platos clásicos conocidos, como la ensalada Waldorf o las alcachofas rellenas, alternan con exquisitas sorpresas, como las acelgas gratinadas o los aguacates a la parrilla. El siguiente capítulo está dedicado a «Las verduras como plato completo». Le va a sorprender la variedad de las posibilidades ofrecidas. A veces, las verduras se han guisado con carne, pescado o aves, no obstante, incluso sin estos alimentos están llenas de valor nutritivo y sabor. Encontrará los tradicionales espárragos, los populares platos de patatas, hortalizas rellenas, gratinados, fritos, rollitos, platos aderezados con hierbas aromáticas silvestres, con hinojo y calabaza. Completan este capítulo los guisos y gratinados en los más variados estilos. También figuran aquí algunas verduras poco empleadas como las escorzoneras. Los vegetarianos quedarán entusiasmados por la abundancia de las posibilidades culinarias.

Naturalmente también encontrará muchas sugerencias para ensaladas y guarniciones de verduras muy atractivas para todos aquellos que desean comerlas diariamente, pero que no quieren prescindir del plato principal a base de pescado, carne o aves. La selección pasa por todas las épocas del año y tiene en cuenta también las verduras importadas. En las ensaladas, las verduras y hortalizas se utilizan crudas al máximo posible. Todas las guarniciones tienen un sabor tan exquisito, que, en beneficio de las verduras, se puede reducir fácilmente el elevado consumo de carne. El capítulo «Especialidades» nos lleva a conocer otras cocinas con platos como el Borschtsch ruso, el chucrut a la alsaciana mediterráneo, el chile con carne mejicano o la sartén de berenjenas a la turca. A continuación siguen las deliciosas pizzas y tartas, exquisitas con cerveza y vino, para obsequiar a amigos e invitados.

Las fotos de las recetas facilitarán su elección. Todas las recetas están descritas de forma simple y muy detallada, para que resulten exitosas aun para los más inexpertos. Las anotaciones al pie de los ingredientes de cada una de las recetas señalan, si el plato se prepara rápidamente o si requiere un poco más de tiempo, si es económico, si es fácil de preparar o si es una receta integral. Las indicaciones sobre los tiempos de preparación y de cocción facilitan una buena planificación. Naturalmente, se indican los valores para julios/calorías, proteínas, grasas e hidratos de carbono.

Al final del libro, aparecen en páginas dobles y encuadradas con fotos de verduras en color, las descripciones de todas aquellas que aparecen en las recetas de este libro. Sabrá las sustancias nutritivas y los minerales que contiene cada verdura, qué especias y hierbas le van mejor y qué posibilidades de combinación son ideales para cada una. Sabrá la estación de las cosechas cultivadas al aire libre y también encontrará indicaciones para su correcta conservación.

¡Y ahora al mercado o a la verdulería más cercana! Déjese llevar por su abundante y colorida oferta para probar las recetas de este libro o déjese inspirar por nuestras fotos en la compra de las verduras.

Afectuosamente:
Annette Wolter
y
todos los colaboradores

Cuando no se indica otra cosa, las recetas están calculadas para cuatro personas. Las abreviaturas kJ y kcal significan respectivamente, kilojulios y kilocalorías.
Para preparar la crema de leche agria, mezclar la crema de leche común con unas gotas de zumo de limón.

El valor de las verduras

La verdura es sabrosa, proporciona sustancias nutritivas vitales y enriquece nuestras comidas. No obstante, como todos los productos alimenticios de alto valor nutritivo, la verdura es también susceptible de un tratamiento inadecuado. Sólo aquél que seleccione la verdura con prudencia al comprarla y la trate después con cuidado, llegará a disfrutarla totalmente.

de partes arenosas de la raíz, partes de la planta que no se van a utilizar, como por ejemplo, en una col o puerro las hojas exteriores estropeadas y las partes duras y oscuras de las mismas.

L a forma sin defectos, el tamaño y las superficies brillantes de los frutos no son sinónimos de calidad. Este tipo de resultados pintorescos se consiguen hoy día frecuentemente mediante abono y tratamientos químicos. Con estas medidas se llega fácilmente a residuos intolerables de materias tóxicas en las plantas. Al comprar, dé preferencia a las verduras que hayan crecido preferentemente en su entorno. La verdura madurada al sol tiene su propio aroma genuino, forma y color típico y es crujiente, dura o elástica al tacto. Si puede comprar verdura de cultivo biológico, debería aprovechar esa oportunidad. Los frutos de la agricultura alternativa han crecido en gran parte sin abono mineral y renunciando a productos químicos antiparasitarios para cultivos. En el apartado «Lo que conviene saber sobre las verduras», páginas 120 a 135, conocerá los detalles a los que debe prestar atención en la compra de las verduras. Se indica también cuándo es la temporada de las verduras del país, es decir, las que llegan al mercado directamente de su lugar de cultivo al aire libre. Es recomendable preparar los platos inmediatamente después de su compra.

E l primer paso para la preparación de las verduras es la limpieza, es decir, la eliminación

Para eliminar los posibles residuos de plomo, lave bien bajo el chorro de agua caliente la verdura ya limpia, la verdura con hojas tiernas bajo un chorrito fino, pero dándole vueltas frecuentemente. La verdura de piel tersa se frota bien bajo el chorro del agua. Las superficies ásperas con residuos de tierra se cepillan a fondo bajo el chorro de agua caliente.
Limpiar: En las verduras con hojas y en las hierbas, elimine los tallos gruesos y las partes estropeadas de las hojas.
Raspar o pelar: Las verduras de raíz como las zanahorias, nabos o apio nabo, se raspan con la hoja del cuchillo o se pelan muy finas, según el estado de la superficie. A los espárragos o al apio se les quita la piel fina externa fibrosa.
Pelar: Pele la piel fina a los tomates o pimientos, después de haber escaldado los primeros o haber calentado bien los pimientos en el horno, hasta que la piel se haya agrietado.
Pulir: Corte o quite las partes no comestibles como partes de tallos o de la flor y los finales del tallo, así como los hilos y nervios gruesos.

Después no vuelva a lavar la verdura o no la deje en el agua una vez preparada, ya que cada corte facilita la pérdida de sustancias muy valiosas.

P ara el régimen crudo son apropiados muchos más tipos de verdura de los que se piensa generalmente. Debido a que la verdura consumida cruda proporciona la mayoría de los valores nutritivos, los cocineros expertos recomiendan comer la verdura cruda como ensalada. Pero no a todo el mundo le gusta. La mayoría de las personas prefieren la verdura cocida. En este caso, piense siempre en los siguientes principios:
• Cueza siempre la verdura el menor tiempo posible a la temperatura adecuada; la verdura debe estar crujiente incluso cocida.
• ¡No mantenga la verdura nunca caliente! A ser posible prepárela en porciones, de forma que no quede ningún resto. Si es indispensable, vuelva a calentar brevemente la verdura enfriada, pero en ningún caso las espinacas, que recalentadas son indigestas, para los niños incluso perjudiciales.
• Un buen consejo: Deje aproximadamente un tercio de la verdura cruda y mézclela con la verdura cocida, cortándola muy pequeña o raspándola.
Excepción: Las judías verdes no

se pueden comer crudas. Necesitan un tiempo de cocción de 10 minutos a una temperatura de aproximadamente 100°C, para eliminar sustancias indigestas. En este caso, al igual que en todas las verduras cocidas, se puede compensar la pérdida de sustancias durante la cocción con hierbas frescas, que se pican justo antes de servirlas, esparciéndolas sobre la verdura.

¿Q ué método de cocción es recomendable? Siempre aquél en el que la verdura se cocine con poco líquido y/o poca grasa, sobre todo cuando el líquido forme parte del plato terminado. Algunos tipos de hortalizas se hierven normalmente, como los espárragos; el agua ligeramente salada puede utilizarse luego para una sopa. En las siguientes páginas encontrará los métodos de cocción apropiados para las verduras. Los métodos de cocción son todos intercambiables entre sí. El tipo que elija, dependerá sólo del resultado final deseado. Utilice también para la cocción de las verduras (la olla exprés, a ser posible un modelo ultra rápido. En éste, la verdura se hace en el menor tiempo posible, herméticamente cerrada. Cocinando de este modo se puede suprimir la sal, se condimenta la verdura con vino, especias o hierbas y con éstos se obtiene finalmente una salsa refinada.

Consejos para la cocción de las verduras

Blanquear

Significa precocer brevemente los alimentos en agua hirviendo condimentada con sal o con limón. Este método es apropiado para las verduras con hojas; las hojas de col enteras son más fáciles de preparar después del blanqueado. El tiempo de blanqueado se calcula —una vez introducida la verdura en el agua— desde el momento en que el líquido vuelve a hervir, ya que, según la cantidad y la consistencia de la verdura, el proceso de cocción se interrumpe eventualmente al sumergirla. Según la cantidad de verdura, blanquee la misma en varias porciones.

Para una ensalada de col, elimine las hojas estropeadas, corte la col en cuatro trozos, quite el tronco y corte los cuartos en tiras finas o rállelos.

Sofreír

Es un método de cocción rápido en sartén con grasa, a ser posible deshidrogenada, o en aceite. Corte la verdura, según la receta, en trozos del mismo tamaño. La verdura muy acuosa se enharina o rebócela ligeramente. Baje el fuego después de echar la verdura y sofríala, dándole vueltas con frecuencia. En el caso de la verdura rebozada no sirva la grasa de cocción, acompáñela con una salsa picante de hierbas.

Seque bien con un lienzo la verdura limpia y lavada. Para un plato chino, por ejemplo, córtela en tiras finas del mismo tamaño.

Cocer al vapor

Significa cocer un alimento sobre vapor de agua. Para ello es ideal la olla exprés ultra rápida, ya que en ésta la verdura se cuece bajo cierre hermético y condiciones físicas especialmente moderadas. La verdura no debe estar en contacto con el agua. El recipiente deberá estar, a ser posible, bien cerrado. Ya que algunas sustancias nutritivas van a parar al agua, vino o caldo de hierbas, prepare con ello una salsa o sopa.

Ponga a hervir unos 3 cm de agua en una cacerola. No sale el agua para la coliflor, ya que el vapor salado oscurecería los ramitos.

Rehogar

Con este método los alimentos se cuecen a fuego lento en un poco de grasa y líquido. El líquido puede provenir de la propia verdura, es el caso de muchas verduras con hojas, las setas, los tomates, los calabacines o las cebollas, todos muy acuosos. Al rehogar, si es posible, no abra la cacerola. Imprímale un movimiento de vaivén. Añada un poco más de líquido, sólo en caso necesario, por ejemplo, con grandes cantidades de verdura.

Caliente en una cacerola ancha un poco de aceite sofría uniformemente la cebolla, el ajo y las judías verdes unos 3 minutos removiendo constantemente.

Ponga a hervir abundante agua con sal en una cacerola grande. Ponga las tiras de col en un colador y sumérjalo en el agua hirviendo; contando desde el momento en que el agua vuelva a hervir, déjelas blanquear 5 minutos.

Escurra un poco la col, sumérjala el colador en un cuenco con agua y cubitos de hielo y después, déjela escurrir bien; en caso necesario exprímala un poco. Continúe la preparación según la receta elegida.

Caliente la grasa en un wok (sartén china especial) o en una sartén grande. Primero sofría el ajo, el jengibre y las cebollas.

Añada las verduras restantes y sofríalas de 6 a 10 minutos removiéndolas. Condimente y termine de preparar la verdura de acuerdo con cada receta.

Ponga la coliflor con los ramitos hacia arriba en el cestillo adaptable dentro de la cacerola y ciérrela inmediatamente. Deje cocer la col de 20 a 25 minutos; en la olla exprés de 12 a 16 minutos.

Mantenga la col caliente. Con el agua en que se coció el vapor, prepare una salsa crema y viértala alrededor de la col; si lo desea, reparta sobre ésta pan rallado dorado en mantequilla.

Añada un poco de caldo de verduras caliente y deje rehogar las judías tapadas según grosor y cantidad, de 10 a 15 minutos. Imprima un movimiento de vaivén a la cacerola cerrada.

Compruebe una o dos veces si todavía hay suficiente líquido en el recipiente y, en caso necesario, añada un poco más de caldo caliente. Sirva las judías con hierbas recién picadas esparcidas por encima.

Consejos para la cocción de las verduras

Gratinar

Consiste en dorar la superficie de los platos ya cocidos. A veces, sin embargo, es un método de cocción independiente, como en este gratín de patatas, en el que el plato se cuece y gratina en una fuente refractaria a fuego fuerte en el horno. Para que se forme la costra, se distribuye en la superficie crema de leche ligera o espesa, queso y copos de mantequilla o una salsa blanca ligera.

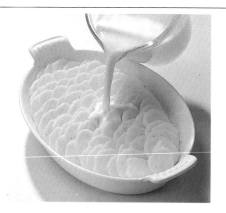

Para el gratín de patatas corte las patatas peladas en rodajas finas, colóquelas por capas en forma de abanico en una fuente refractaria engrasada y salpimentada cada capa.

Asar a la parrilla

Consiste en cocer los alimentos mediante calor fuerte sobre brasas, la parrilla eléctrica, la del horno o la parrilla de hierro colado. Para ello engrase la verdura a asar con aceite mezclado con especias. La verdura delicada se asa envuelta en papel de aluminio untado con grasa; en cualquier caso y también para el asado sobre brasas, envuelva las verduras en papel de aluminio.

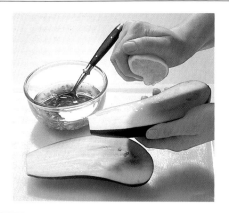

Corte las berenjenas, sin pelar, por la mitad a lo largo y rocíe las superficies cortadas con zumo de limón, para que la pulpa no se oscurezca.

Hervir

En este proceso los alimentos se cuecen en abundante líquido. Según la consistencia del alimento, se deja cocer a borbotones o sólo ligeramente. Si el líquido de cocción debe utilizarse en parte como salsa, cueza sin tapar el recipiente para que durante el proceso de cocción pueda evaporarse un poco de líquido. Si éste no se utiliza para terminar de preparar un plato, haga con él una sopa, ya que contiene las sustancias nutritivas de la verdura.

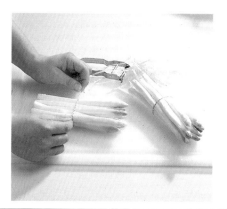

Ate los espárragos pelados en manojos de 10 cada uno (son más fáciles de sacar de la cacerola). Ponga a hervir abundante agua con sal, un poco de azúcar y aceite en una cacerola lo suficientemente amplia.

Estofar

En este proceso los alimentos se sofríen y doran en poca grasa caliente. Luego se vierten unos 2 cm de líquido hirviendo alrededor del alimento a estofar y se deja a fuego lento. El líquido se sirve en cualquier caso como salsa; si se desea puede enriquecerse con crema de leche, vino y especias.

Recorte los nervios centrales de 2 ó 3 hojas de col blanqueadas, de forma que queden planas. Ponga las hojas unas sobre otras, reparta el relleno por encima, envuelva los bordes de las hojas y forme rollos.

Vierta sobre las patatas crema de leche batida con huevo, esparza por encima queso rallado (Gruyère) y distribuya regularmente sobre éste copos de mantequilla a bastante distancia unos de otros.

Hornee y gratine de 30 a 40 minutos en el horno precalentado a 220 °C. Si fuera necesario, para evitar que la superficie se tueste demasiado, ponga al finalizar la cocción papel de aluminio o sulfurizado sobre la superficie.

Ponga cada mitad de berenjena en un trozo suficientemente grande de papel de aluminio, acéitelas con aceite condimentado, cierre el papel y deje macerar las berenjenas de 1½ a 2 horas en el frigorífico.

Coloque las berenjenas en el papel con la parte cortada hacia abajo sobre la parrilla muy caliente, áselas 8 minutos, déles la vuelta y áselas otros 8 minutos. Abra después el papel de aluminio y deje dorar las partes cortadas directamente en la parrilla, ya no tan caliente.

Introduzca los espárragos en el agua hirviendo. No deje que el agua siga hirviendo a borbotones. Deje cocer los espárragos tapados de 15 a 20 minutos, dependiendo de su grosor.

Pínchelos para comprobar el grado de cocción. Si casi no ofrecen resistencia, significa que están cocidos. Ponga los manojos de espárragos a escurrir sobre una superficie cubierta con un lienzo doblado.

Ate los rollos con un bramante como si fueran paquetitos, para que no se abran al estofarlos. Caliente unas 2 cucharadas de aceite en una cazuela o una sartén grande con tapadera.

Fría los rollos uniformemente en el aceite caliente hasta que estén dorados, añada el líquido caliente y deje cocer los rollos en el recipiente tapado unos 30 minutos.

Sopas, entradas y pequeños guisos

Verduras variadas de gustos diversos.
Lo clásico, lo conocido y
lo recién descubierto

Sopa de acederas

Un plato ligeramente amargo que abre el apetito

3 cebollas tiernas
400 g de patatas harinosas
¾ l de caldo de verduras
1 cucharada de aceite
200 g de hojas de acedera
1 bulbo grande de colinabo
4 cucharadas de perifollo picado
1 pizca de sal y pimienta blanca
4 cucharadas de crema de leche
1 yema de huevo

Económica • Receta integral

Por persona, unos 905 kJ/
215 kcal · 9 g de proteínas
8 g de grasas · 26 g de hidratos
de carbono

Tiempo de preparación: 10 min
Tiempo de cocción: 25 minutos

Corte la raíz y las partes estropeadas de las cebollas. Lávelas, séquelas y córtelas en anillos finos. Pele las patatas, lávelas y córtelas en dados. • Caliente el caldo de verduras. • Caliente el aceite en una cacerola grande y deje dorar la cebolla. Añada las patatas, vierta por encima el caldo caliente y deje cocer todo tapado 20 minutos. • Entre tanto, lave las hojas de acedera, límpielas, déjelas escurrir bien y córtelas en trozos grandes. Pele el colinabo, lave las hojas verdes tiernas, déjelas escurrir, píquelas finamente y mézclelas con el perifollo. Raspe el colinabo pelado • Al cabo de 20 minutos de cocción, añada las acederas y el colinabo raspado a las patatas y deje cocer todo otros 5 minutos; con ello deberán deshacerse las patatas. • Salpimente la sopa. Bata la crema de leche con la yema de huevo. Mezcle unas cucharadas de sopa caliente con la mezcla de crema y yema de huevo. • Aparte la sopa del fuego y bata en ella con cuidado la mezcla anterior. Sirva la sopa con el perifollo esparcido por encima.

Crema de maíz con guisantes

Un plato para afinar el paladar y el estómago

500 g de guisantes sin desgranar
½ cucharadita de sal
1 l de agua
400 g de granos de maíz
2 cucharaditas de maicena
1 cucharadita de pimentón dulce
2 cucharadas de crema de leche
2 cucharadas de petit suisse
4 cucharadas de cebollino picado

Fácil • Económica

Por persona, unos 880 kJ/
210 kcal · 8 g de proteínas
6 g de grasas · 30 g de hidratos
de carbono

Tiempo de preparación: 30 min
Tiempo de cocción: 5 minutos

Desenvaine los guisantes. • Lave las vainas vacías, déjelas escurrir y póngalas a hervir con la sal y el agua en una cacerola tapada 20 minutos. • Pase los granos de maíz con su líquido por el chino o tamícelos. • Escurra las vainas en un colador; recoja el líquido de cocción en un cuenco. • Ponga a hervir los guisantes 5 minutos en el líquido de cocer las vainas. Añada el puré de maíz a los guisantes. Si es necesario agregue un poco de agua y déjelo hervir todo otra vez. • Deslíe la maicena y el pimentón en un poco de agua fría. Ligue con ello la sopa, agregue la crema de leche y el petit suisse mezclados.

Nuestra sugerencia: En vez de guisantes puede enriquecer la sopa de crema de maíz también con judías o pimientos cortados en tiritas. En este caso, haga la sopa con caldo de verduras.

Crema de espárragos trigueros

Una sopa para los acostumbrados a manjares delicados, gourmets y sibaritas

1½ kg de espárragos trigueros
½ cucharadita de sal
1 pizca de azúcar
½ l de caldo de verduras
1 pizca de pimienta blanca
1 cucharada de maicena
50 g de crema de leche espesa
1 petit suisse
2 cucharadas de eneldo finamente picado

Rápida • Coste medio

Por persona, unos 820 kJ/ 195 kcal · 9 g de proteínas 10 g de grasas · 16 g de hidratos de carbono

Tiempo de preparación: 15 min
Tiempo de cocción: 15 minutos

Lave los espárragos, séquelos y pele finamente los tallos, en caso de estar leñosos los finales, córtelos. • Corte las yemas de los espárragos en trozos de 5 cm de largo y resérvelas. • Corte los tallos en trozos pequeños, póngalos en una cacerola con la sal y el azúcar y déjelos cocer, cubiertos con un poco de agua, durante 15 minutos tapados. • Ponga a hervir el caldo de verduras. Sumerja en él las yemas y deje cocer tapado 8 minutos. • Pase los tallos con su líquido de cocción por el chino o un tamiz. • Escurra las yemas en un colador y mezcle el caldo de verduras con los espárragos reducidos a puré. Condimente la sopa con pimienta y, si es necesario, un poco de sal. • Deslía la maicena en un poco de agua fría. Ligue con ello la sopa y añada la crema y el petit suisse. Eche las yemas a la sopa y póngalo a calentar brevemente. • Espolvoree por encima con eneldo antes de servirla.

<u>Nuestra sugerencia</u>: Si desea obtener un sabor más fuerte, puede enriquecer la sopa con jamón ahumado.

Crema de tomate

Las hierbas aromáticas dan un toque mediterráneo

1½ kg de tomates rojos carnosos
2 cebollas · 1 diente de ajo
2 cucharadas de aceite de oliva
¼ cucharadita de sal
1 pizca de pimienta negra
½ cucharadita de pimentón dulce
1 cucharada de hierbas variadas, recién picadas: albahaca, orégano, tomillo y romero
½ cucharadita de azúcar
¼ l de caldo de verduras
4 cucharadas de crema de leche agria
4 cucharadas de queso parmesano recién rallado

Rápida • Fácil

Por persona, unos 840 kJ/
200 kcal · 9 g de proteínas
10 g de grasas · 18 g de hidratos
de carbono

Tiempo de preparación: 20 min
Tiempo de cocción: 15 minutos

Lave los tomates y córtelos en trozos pequeños. Pele las cebollas y el diente de ajo y píquelos. • Caliente el aceite en una cacerola. Deje dorar en él la cebolla y el ajo. • Incorpore los trozos de tomate, la sal, la pimienta, el pimentón, las hierbas y el azúcar. Deje cocer tapado y a fuego muy lento 15 minutos, removiendo con frecuencia. En caso necesario, vierta un poco de caldo de verduras por encima. • Caliente el caldo de verduras, añádalo a los tomates y páselo todo por un tamiz fino. Dé un hervor a la sopa y sírvala después en tazones. • Eche en cada porción 1 cucharada de crema agria y esparza por encima el queso parmesano.

Nuestra sugerencia: Ponga especial atención en comprar tomates carnosos muy maduros. La sopa tendrá un sabor más sabroso.

Sopa de pepinos con eneldo

Un plato de delicada consistencia y fresco sabor

1 kg de pepinos
1 cucharadita de romero fresco
½ l de caldo de verduras
1-2 cucharaditas de zumo de limón · 1 petit suisse grande
1 cucharadita de jarabe de arce o miel
1 pizca de sal y pimienta blanca
1 dl de crema de leche espesa
6 cucharadas de eneldo picado

Receta integral • Económica

Por persona, unos 735 kJ/
175 kcal · 3 g de proteínas
14 g de grasas · 8 g de hidratos
de carbono

Tiempo de preparación: 10 min
Tiempo de cocción: 20 minutos

Corte un trozo de unos 20 cm de largo de 1 pepino y déjelo aparte. • Pele el resto, córtelos a lo largo, retire con una cucharilla las semillas y corte la pulpa en dados de 2 cm. • Ponga a hervir los dados de pepino con el romero y el caldo de verduras con el recipiente tapado y a fuego lento durante 20 minutos. • Lave el pepino reservado, séquelo y rállelo sin pelarlo. • Una vez finalizado el tiempo de cocción, mezcle el pepino rallado con el zumo de limón, el jarabe de arce, la sal y la pimienta con la sopa. Incorpore batiendo la crema y el petit suisse. • Sirva la sopa de pepinos con el eneldo esparcido por encima.

Nuestra sugerencia: En vez de romero, puede condimentar la sopa con raiforte rallado. Si desea una sopa más sólida, o si tiene que servirla como una cena copiosa, cueza unos 400 g de patatas harinosas cortadas en dados pequeños, con los pepinos. En vez de la crema, mezcle la sopa con 100 g de dados de tocino frito. Al sabroso tocino le va mejor la borraja, que el suave aroma del eneldo.

Exquisiteces con coliflor y calabacines

Las pepitas o la carne realzan estas sopas

Sopa de coliflor con pepitas de girasol

Al fondo de la foto

1 coliflor (aproximadamente 1 kg)
300 g de puerros
1 cebolla
2 cucharadas de aceite de girasol
1 cucharada de harina de trigo integral
1 pizca de pimienta de Cayena
1 cucharadita de sal
4 cucharadas de pepitas de girasol peladas
1 cucharada de margarina vegetal
4 cucharadas de hojas de diente de león picadas

Receta integral • Fácil

Por persona, unos 925 kJ/ 220 kcal · 11 g de proteínas 11 g de grasas · 18 g de hidratos de carbono

Tiempo de preparación: 30 min
Tiempo de cocción: 25 minutos

Quítele las hojas externas a la coliflor, corte un poco el tronco y ponga la coliflor con los ramitos hacia abajo durante 20 minutos en agua templada, para que se eliminen todos los insectos que pueda haber dentro. • Hierva la coliflor con agua durante 25 minutos. • Quítele la raíz de los puerros y los extremos verdes de las hojas. Lave bien las partes amarillas y córtelas en anillos finos. Pele la cebolla y córtela en dados. • Caliente el aceite en una cacerola grande. Dore los dados de cebolla, removiendo con frecuencia. Añada los puerros y deje cocer 3 minutos. Espolvoree con la harina por encima y remueva un poco. Agregue poco a poco 1 l del líquido de cocción de la coliflor a la mezcla de cebolla y puerro. Deje que la sopa hierva varias veces y condiméntela con la pimienta de Cayena y la sal. Divida

la coliflor en ramitos. Corte los troncos pequeñitos y añada todo a la sopa; vuelva a calentarla. • Ponga a dorar las pepitas de girasol en la margarina y espárzalas con el diente de león picado sobre la sopa.

Sopa de calabacines con pechuga de pollo

En primer plano de la foto

800 g de calabacines
4 escalonias
4 cucharadas de aceite de maíz
¾ l de caldo de ave caliente
½ cucharadita de sal
1-2 cucharaditas de pimentón dulce
300 g de pechuga de pollo
4 cucharadas de crema de leche
2 cucharaditas de hojas de salvia finamente picadas

Coste medio

Por persona, unos 1 175 kJ/ 280 kcal · 24 g de proteínas 15 g de grasas · 13 g de hidratos de carbono

Tiempo de preparación: 25 min
Tiempo de cocción: 20 minutos

Pele dos tercios de los calabacines (unos 500 g) y córtelos en dados. • Caliente la mitad del aceite en una cacerola grande. Dore los dados de escalonia. Añada los dados de calabacín pelados, vierta el caldo de ave y deje cocer tapado 15 minutos. • Tamice después la sopa y condiméntela con la sal y el pimentón. Corte el resto de los calabacines sin pelar en juliana fina, échela en la sopa y prosiga la cocción 5 minutos. • Corte la pechuga de pollo en dados. • Caliente el resto del aceite. Fría en él la carne dándole vueltas 5 minutos, después añadala a la sopa. • Mezcle la sopa con la crema de leche y esparza la salvia por encima.

Sopa de colinabo con albóndigas de carne

Después, sienta bien algo dulce

Sopa de hinojo al estilo de Avignon

Ideal para los que empiezan a probar el hinojo

Para la sopa:
1 kg de colinabos
¾ l de caldo de verduras
1 pizca de sal y pimienta blanca
4 cucharadas de hierbas variadas como levístico y pimpinela

Para las albóndigas:
250 g de carne picada de cerdo y ternera
1 huevo
5 cucharadas de pan rallado
1 pizca de sal, pimienta blanca y de mejorana seca

Fácil • Económica

Sin albóndigas por persona, unos 400 kJ/95 kcal
6 g de proteínas · 1 g de grasas
15 g de hidratos de carbono

Con albóndigas por persona, unos 1 345 kJ/320 kcal
22 g de proteínas · 15 g de grasas
24 g de hidratos de carbono

Tiempo de preparación: 10 min
Tiempo de cocción: 30 minutos

Pele los colinabos; deje aparte las hojas de colinabo tiernas. Corte los bulbos en juliana no muy gruesa. • Dé un hervor a la juliana de colinabo en el caldo de verduras. Deje cocer la sopa tapada y a fuego moderado 20 minutos. • Para las albóndigas, amase la carne picada con el huevo, el pan rallado, la sal, la pimienta y la mejorana y forme con ello albóndigas del tamaño de una nuez aproximadamente. • Condimente la sopa con la sal y la pimienta. Agregue las albóndigas a la sopa y déjelas cocer a fuego muy lento y sin tapar de 8 a 10 minutos. • Lave las hojitas de colinabo tiernas con las hierbas restantes, séquelas y píquelas finas. • Esparza las hierbas sobre la sopa antes de servirla.

1 kg de hinojo
300 g de patatas
1 cebolla grande
3 dientes de ajo
1 hoja de laurel
1 cucharadita de sal
1 l de agua
2 manzanas ácidas grandes
1 cucharada de mantequilla
3 cucharadas de perejil picado

Especialidad francesa

Por persona, unos 1 135 kJ/270 kcal · 9 g de proteínas
3 g de grasas · 50 g de hidratos de carbono

Tiempo de preparación: 10 min
Tiempo de cocción: 25 minutos

Prepare los bulbos de hinojo, lávelos y córtelos en trozos pequeños. Conserve las hojas verdes tiernas. Pele las patatas, la cebolla y los dientes de ajo y córtelo todo en dados. • Ponga a co- cer los ingredientes preparados junto con la hoja de laurel, la sal y el agua en el recipiente tapado y a fuego lento durante 25 minutos. • Pele las manzanas y ráspelas gruesas. Lave las hojas verdes del hinojo, séquelas y píquelas finamente. • Tamice la sopa de verduras y mézclela con la raspadura de manzana. • Caliente la mantequilla. Sofría en ella un poco el perejil picado y las hojas de hinojo dándoles vueltas; espolvoree sobre la sopa antes de servirla.

Nuestra sugerencia: De la misma forma que la sopa de hinojo, puede preparar una crema de puerros; en este caso elimine las manzanas. Espolvoree la crema de puerros con picatostes y cebollino picado.

Sopa de zanahorias

Para todas las estaciones

800 g de zanahorias
¾ l de caldo de verduras
1 cucharada de harina
3 cucharadas de mantequilla
1 pizca de sal y pimienta blanca
Unas gotas de zumo de limón
1 pizca de azúcar
2 rebanadas de pan de molde integral
3 cucharadas de crema de leche
2 cucharadas de hierbas recién picadas como eneldo, perejil, o cebollino

Económica • Fácil

Por persona, unos 965 kJ/ 230 kcal · 7 g de proteínas 10 g de grasas · 28 g de hidratos de carbono

Tiempo de preparación: 16 min
Tiempo de cocción: 40 minutos

Raspe las zanahorias, lávelas bien y córtelas en dados pequeños. • Ponga a cocer los dados de zanahoria en el caldo de verduras tapado y a fuego lento durante 30 minutos. • Pase las zanahorias cocidas junto con su líquido de cocción por el pasapurés o un tamiz. Amase la harina con 2 cucharadas de mantequilla formando una bola pequeña, échela en la sopa y deslíala en ella removiendo con la batidora de varillas. Deje cocer la sopa unos minutos, condiméntela después con la sal, la pimienta, el zumo de limón y el azúcar. • Corte el pan en dados pequeños regulares y dórelos en la mantequilla restante. • Mezcle la crema con la sopa. • Sirva la sopa con los picatostes y las hierbas picadas espolvoreadas por encima.

Nuestra sugerencia: En vez de picatostes, la sopa puede servirse también con albóndigas de salchichas. Para ello, eche en la sopa albóndigas de 1 a 2 salchichas de cerdo, dejándolas cocer unos minutos en la sopa a fuego muy lento.

Minestrone

Una de las muchas versiones de esta popular sopa italiana

Especialidad italiana •
Receta integral

Por persona, unos 1 135 kJ/
270 kcal · 10 g de proteínas
17 g de grasas · 19 g de hidratos
de carbono

Tiempo de remojo: 12 horas
Tiempo de preparación: 20 min
Tiempo de cocción: 1½ minutos

Ingredientes para 8 personas:
100 g de judías blancas
100 g de apio
100 g de patatas
100 g de calabacines
100 g de zanahorias
100 g de puerros
100 g de guisantes verdes en sus vainas
4 cucharadas de aceite de oliva
1½ l de caldo de ave
1 hoja de laurel
1 manojo pequeño de perejil
1 cebolla pequeña
1 diente de ajo
100 g de tocino entreverado
4 tomates
100 g de arroz cocido
1 cucharadita de sal
1 pizca de pimienta negra
1 cucharada de hojas de albahaca picadas
8 cucharadas de queso parmesano recién rallado

Lave las judías en una fuente con agua fría; las malas flotarán en la superficie y podrán quitarse con facilidad. • Ponga después las judías a remojar en agua hervida y enfriada, tapadas, durante 12 horas. • Cuézalas en el agua de remojo sin sal y tapadas durante 1 hora. • Lave el apio, séquelo, corte un poco el final de la raíz y corte el tallo en rodajas. Pele las patatas, lávelas y córtelas en dados. Lave los calabacines, séquelos y córtelos en tiras. Pele las zanahorias, lávelas y trocéelas. Lave bien el puerro y córtelo en aros. Desgrane los guisantes y mézclelos con la verdura preparada. • Caliente el aceite de oliva en una cacerola grande. Sofría todas las verduras crudas removiéndolas durante unos 3 minutos y déjelas aparte. • Caliente el caldo de ave. Ate la hoja de lurel con el perejil lavado. Añada a las verduras el caldo de ave caliente, el ramillete de perejil y las judías con su líquido de cocción; deje cocer tapado otros 30 minutos. • Entre tanto pele la cebolla y el diente de ajo y píquelos finamente. Trocee también el tocino y dórelo en una sartén seca. Saque los dados de tocino de su grasa. Deje dorar la cebolla y el ajo en la grasa de tocino. • Escalde los tomates en agua hirviendo, pélelos y córtelos en dados; al hacerlo, quíteles las semillas y los pedúnculos. • Mezcle los dados de tomate y el arroz cocido con los dados de tocino, la cebolla y el ajo en la sopa. Salpimente la minestrone. Sirva la sopa con la albahaca picada y el queso parmesano rallado espolvoreado por encima.

<u>Nuestra sugerencia</u>: Para la minestrone no existe una única receta válida en Italia. Según cada región varían los ingredientes. Así, se puede añadir a la verdura col rizada y alargar la sopa con tomate triturado de lata. En algunos sitios se sustituye la patata por tallarines. La albahaca se suele eliminar frecuentemente, en su lugar se pueden utilizar hierbas frescas mezcladas. Originalmente la sopa minestrone no se sirve con el queso parmesano esparcido por encima; el queso rallado se sirve aparte.

Sopas de patatas sustanciosas

Puede elegir: sopa de patata con tocino o berros

Sopa de patatas con tocino

A la izquierda de la foto

400 g de patatas harinosas
½ cucharadita de sal
¼-½ l de caldo de carne
300 g de tallos de puerros blancos
1 pizca de sal
100 g de tocino ahumado entreverado
1 cebolla grande
1 dl de crema de leche
2 cucharadas de perejil picado

Económica • Rápida

Por persona, unos 1 470 kJ/ 350 kcal · 8 g de proteínas 25 g de grasas · 23 g de hidratos de carbono

Tiempo de preparación: 15 min
Tiempo de cocción: 20 minutos

Pele las patatas, lávelas y córtelas en dados. • Ponga a cocer los dados de patata cubiertos con el agua salada y el recipiente tapado durante 20 minutos. • Caliente el caldo de carne. • Lave bien el puerro, córtelo en aros y póngalo a hervir aparte en un poco de agua salada y tapado durante 15 minutos. • Corte el tocino en dados. Pele la cebolla y córtela en aros. • Pase las patatas cocidas junto con el agua de cocción por el pasapurés. Mezcle el puerro junto con su líquido de cocción con el puré de patatas. Añádale el caldo de carne caliente que haga falta para obtener una crema sólida. Bata la crema con la sopa. • Dore el tocino en una sartén seca. Dore los aros de cebolla en la grasa de tocino. • Esparza el perejil picado y el tocino con los aros de cebolla sobre la sopa antes de servirla.

Nuestra sugerencia: Si no le gusta mucho el tocino ahumado, puede servir esta sopa con los restos troceados del asado del domingo.

Sopa de patatas con berros

A la derecha de la foto

700 g de patatas consistentes
300 g de zanahorias
¾ l de caldo de verduras
2 escalonias
1 diente de ajo
300 g de berros
2 cucharadas de aceite de cártamo
1 pizca de sal y pimienta de Cayena

Receta integral

Por persona, unos 985 kJ/ 235 kcal · 7 g de proteínas 5 g de grasas · 38 g de hidratos de carbono

Tiempo de preparación: 10 min
Tiempo de cocción: 15-20 min

Pele las patatas, lávelas y córtelas en dados. Raspe las zanahorias, lávelas y córtelas también en dados. • Ponga a cocer los dados de patata y zanahoria en el caldo de verduras de 15 a 20 minutos. • Pele las escalonias y el diente de ajo y píquelos finos. Lave bien los berros, séquelos y córtelos groseramente. • Caliente el aceite en una sartén. Ponga a dorar la escalonia y el ajo. Añada dos tercios de los berros y, removiendo constantemente, deje cocer unos 5 minutos. • Mezcle la guarnición de berros con la sopa; condiméntela con sal y pimienta de Cayena. Esparza el resto de los berros sobre la sopa antes de servirla.

Nuestra sugerencia: Los berros de fuente —también llamados de agua— son más tiernos que los de huerta o jardín. Los puede coger en las orillas de los arroyos.

Sopa de judías blancas

Deliciosa también como resopón

200 g de judías blancas
1½ l de agua hervida, enfriada
1 manojo de hierbas aromáticas
1 patata, cebolla y zanahoria, grandes
1 pimiento verde y otro rojo
½ cucharadita de sal y 1/2 de pimentón dulce
1 pizca de pimienta blanca pimienta de Cayena
2 tomates rojos carnosos
100 g de tocino ahumado entreverado
2 cucharadas de perejil picado

Económica • Elaborada

Por persona, unos 1 825 kJ/
435 kcal · 17 g de proteínas
18 g de grasas · 50 g de hidratos
de carbono

Tiempo de remojo: 12 horas
Tiempo de preparación: 10 min
Tiempo de cocción: 1¾ horas

Lave las judías en el agua, escójalas, escúrralas y déjelas remojar durante 12 horas en el agua hervida y enfriada. • Ponga a cocer las judías en el agua del remojo y espume varias veces. • Prepare el apio y el perejil, lávelos, píquelos y añádalos a las judías. Déjelas cocer tapadas durante 1½ horas. • Pele la patata, la cebolla y la zanahoria y trocéelas menudas. Corte los pimientos en tiras, quitándoles las membranas y las semillas. • Agregue la verdura troceada a las judías cocidas. Deje cocer la sopa otros 15 minutos; condiméntela después con las especias. • Pele los tomates, trocéelos y añádalos a la sopa. • Corte el tocino en dados pequeños, dórelo en una sartén seca y mézclelo con la sopa. • Sírvala con el perejil esparcido por encima.

Sopa de lentejas al vino tinto

Un plato exquisito para gourmets y aficionados

300 g de lentejas
1 l de agua
1 zanahoria grande
1 cebolla
⅛ de apio nabo
2 patatas grandes
1 cucharadita de sal
1 pizca de pimienta negra
⅛ l de vino tinto seco

Elaborada • Económica

Por persona, unos 1 535 kJ/
365 kcal · 21 g de proteínas
1 g de grasas · 62 g de hidratos
de carbono

Tiempo de preparación: 5 min
Tiempo de cocción: 1½ horas

Lave las lentejas con agua fría; las malas flotarán en la superficie, pudiéndolas eliminar fácilmente. • Ponga ahora a cocer las lentejas tapadas en el agua de 1 a ½ horas. Durante los 15 primeros minutos quite repetidas veces la espuma que se forma. • Raspe la zanahoria, lávela y córtela en dados. Pele la cebolla, el apio y las patatas y córtelos también en dados. • Agregue las verduras a las lentejas cocidas y deje cocer la sopa otros 20 minutos a fuego lento. • Salpimente la sopa. Aparte la sopa del fuego y añádale el vinto tinto.

Nuestra sugerencia: Si lo desea, puede cocer las lentejas desde el principio en una mezcla de agua y vino tinto (a partes iguales) y mezclar al final otra vez ⅛ de l de vino tinto con la sopa terminada. La sopa de lenteja saciará más, si antes de servirla se calienta en ella tocino y chuletas ahumadas cortadas en trozos pequeños.

Sopa de puerros con albóndigas de queso

Un buen preludio para los hambrientos

Para la sopa:
600 g de puerros
2 cucharadas de aceite de semillas
150 g de guisantes
1 l de caldo caliente de verduras
1 pizca de nuez moscada rallada sal y pimienta blanca
Para las albóndigas de queso:
50 g de margarina vegetal
1 huevo
50 g de sémola integral
40 g de queso Emmental recién rallado
1 pizca de limón rallado, sal y pimienta blanca
Para espolvorear:
2 cucharadas de cebollino picado

Fácil • Económica

Por persona, unos 1 260 kJ/ 300 kcal · 13 g de proteínas 16 g de grasas · 25 g de hidratos de carbono

Tiempo de preparación: 40 min
Tiempo de cocción: 20 minutos

Quite a los puerros las hojas verdes duras y la raíz. Corte los puerros por la mitad a lo largo, lávelos bien y córtelos en rodajas finas. • Caliente el aceite en una cacerola grande. Fría los puerros removiendo frecuentemente, añada los guisantes y vierta el caldo de verduras. Deje cocer con el recipiente tapado 20 minutos. • Entre tanto, bata la margarina con el huevo hasta que esté espumosa. Añádale poco a poco la sémola, el queso rallado, la ralladura de limón, la sal y la pimienta. Deje reposar la mezcla 20 minutos. • Ponga a hervir en un cazo un poco de agua con sal. Forme con la masa de sémola unas albóndigas con una cucharilla humedecida, sumérjalas en el agua hirviendo y déjelas cocer de 10 a 15 minutos. • Condimente la sopa con nuez moscada, sal y pimienta. Agregue las albóndigas de queso a la sopa. Espolvoree la sopa de puerros con el cebollino antes de servirla.

Ensalada Waldorf

Una entrada clásica o parte integrante de un bufet frío

300 g de apio nabo
200 g de manzanas ácidas (reineta)
2 cucharadas de zumo de limón
½ cucharadita de sal
50 g de nueces
150 g de mayonesa para ensalada
⅛ l de crema de leche
½-1 cucharadita de azúcar

Receta clásica • Fácil

Por persona, unos 1 825 kJ/ 435 kcal · 5 g de proteínas 38 g de grasas · 18 g de hidratos de carbono

Tiempo de preparación: 15 min
Tiempo de cocción: 1 hora

Pele el apio, lávelo y séquelo. Corte el apio en juliana fina. Pele las manzanas, quítelas el corazón y córtelas en tiras igual de finas. Mezcle con cuidado el apio con la manzana y deje caer gota a gota el zumo de limón por encima, para que los frutos no se oxiden y oscurezcan. Sale y deje reposar tapado 1 hora en el frigorífico. • Pique las nueces y mézclelas con la mayonesa, la crema y el azúcar. Mezcle la mayonesa de nueces con la ensalada de apio antes de servirla. • Acompañe con pan blanco de barra crujiente, a ser posible recién cocido.

Nuestra sugerencia: Si desea servir la misma ensalada al estilo francés, elimine las nueces y en vez de crema de leche y mayonesa, emplee 1 cucharada de crema de leche mezclada con 1 a 2 cucharaditas de mostaza y 1 petit suisse. La entrada no resultará tan copiosa. La ensalada preparada al estilo francés contiene por porción, 880 kJ/210 kcal.

Berenjenas a la parrilla

Destacan por su típico sabor

2 berenjenas medianas (500 g)
1 cucharada de zumo de limón
2 cucharadas de pimienta verde
6 cucharadas de aceite de oliva
2 cucharadas de hojitas frescas
de tomillo · 3 dientes de ajo
1 cucharadita de sal
1 pizca de pimienta negra

Elaborada

Por persona, unos 860 kJ/
205 kcal · 4 g de proteínas
16 g de grasas · 11 g de hidratos
de carbono

Tiempo de preparación incluido
Tiempo de reposo: 1 hora 40
minutos
Tiempo de cocción: 25 minutos

Lave las berenjenas y séquelas. Retire los pedúnculos y corte los frutos por la mitad a lo largo. Unte las superficies de las mitades con el zumo de limón. Pele los dientes de ajo y píquelos finamente. Corte finamente la pi-mienta verde. Mezcle el aceite de oliva con el ajo, la pimienta ver-de, el tomillo, la sal y la pimienta negra. Coloque cada mitad de berenjena con la superficie corta-da hacia arriba sobre un trozo grande de papel de aluminio. Rasque bien con un tenedor las superficies cortadas de los frutos, vierta sobre ellas, gota a gota el aceite condimentado. Envuelva las berenjenas en el papel de alu-minio y déjelas macerar 1½ horas en el frigorífico. ● Precaliente el horno o la parrilla a 230 °C. ● Colo-que las berenjenas en el papel con la superficie cortada hacia abajo sobre la parrilla del horno o eléctrica y déjelas asar 10 minu-tos. Abra después los paquetes de aluminio y deje asar otros 15 mi-nutos las berenjenas con la super-ficie cortada hacia arriba bajo el grill o en el nivel superior del horno. ● Sirva las berenjenas si lo desea en el papel de aluminio y rocíelas con el aceite de oliva condimentado restante.

Tomates horneados con Mozzarella

Calientes o fríos resultan un primer plato delicioso

4 tomates rojos carnosos grandes
(800 g)
300 g de queso Mozzarella
2 cebollas medianas
2 dientes de ajo
½ cucharadita de sal
2 cucharadas de aceite de oliva
1 buena pizca de pimienta
blanca
1 cucharada de hojitas frescas de
tomillo
Para la fuente: aceite de oliva

Especialidad italiana

Por persona, unos 1 700 kJ/
405 kcal · 22 g de proteínas
30 g de grasas · 11 g de hidratos
de carbono

Tiempo de preparación: 10 min
Tiempo de cocción: 25 minutos

Engrase un molde refractario con un poco de aceite. ● Pre-caliente el horno a 220 °C. ● Lave los tomates, séquelos y córtelos junto con el queso en rodajas de 1 cm de grosor. Ponga las rodajas de queso y de tomate encabal-gándolas en el molde. Pele las ce-bollas y los dientes de ajo y pí-quelos finamente. Sale el ajo y aplástelo con un tenedor. Mezcle el aceite de oliva con la cebolla, el ajo y la pimienta y échelo sobre las rodajas de tomate y de queso. ● Hornée los tomates con Mozzarella en el centro del hor-no precalentado durante 20 mi-nutos. ● Lave el tomillo, séque-lo y espárzalo sobre los tomates con Mozzarella. Prosiga la cocción otros 5 minutos. ● Acompañe con pan blanco de barra recién coci-do.

Nuestra sugerencia: Preparados según la misma receta, puede ser-vir los tomates con Mozzarella co-mo plato frío; en vez de condi-mentar con tomillo, esparza sobre los tomates y el queso albahaca picado.

Aguacates a la parrilla

Una entrada delicada o una cena suave

| 2 aguacates (400 g) |
| 2 cucharaditas de zumo de limón |
| 12 filetes de anchoa |
| 2 cucharadas de alcaparras |
| ½ cebolla · 1 pizca de tabasco |
| 1 cucharada de aceite de nueces |
| 2 cucharadas de crema de leche |
| 2 cucharadas de petit suisse |
| 2 lonchas de queso para fundir |

Coste medio • Fácil

Por persona, unos 1 365 kJ/
325 kcal · 7 g de proteínas
30 g de grasas · 6 g de hidratos
de carbono

Tiempo de preparación: 10 min
Tiempo de cocción: 10-15 min

Precaliente el horno o la parrilla a 230 °C. • Lave los aguacates, séquelos, córtelos por la mitad y quíteles el hueso. Vacíe dos
tercios de la pulpa de los frutos,
córtela menuda y rocíe tanto las
mitades como la pulpa del aguacate con el zumo de limón. Pique
las anchoas, las alcaparras y la
media cebolla y mézclelos con la
pulpa de aguacate, el tabasco, el
aceite, la crema y el petit suisse. •
Corte una fina rodaja de la parte
redondeada de las mitades de
aguacate, para que los frutos estén equilibrados sobre el plato.
Rellene las mitades de aguacate
con la mezcla de crema y póngalos bajo la parrilla del horno o del
grill. Trocee las lonchas de queso
y espárzalo sobre los aguacates. •
Gratine los aguacates, hasta que
el queso se haya derretido y forme una costra dorada.

Nuestra sugerencia: En vez de los
filetes de anchoa y las alcaparras
puede utilizar también para el relleno 2 filetes de arenque picados
y 1 pepinillo en conserva.

Hinojo con alioli

Un plato típico de países mediterráneos

| 4 bulbos de hinojo medianos |
| (800 g aproximadamente) |
| 2 cucharaditas de zumo de limón |
| 1 pedazo de pan blanco sin |
| corteza del tamaño de un huevo |
| ½ taza de leche |
| 6 dientes de ajo |
| 2 yemas de huevo |
| ¼ l de aceite de oliva virgen |
| 1-2 cucharaditas de vinagre de |
| estragón |
| ½ cucharadita de sal |
| 1 pizca de pimienta blanca |

Rápida• Coste medio

Por persona, unos 3 130 kJ/
745 kcal · 8 g de proteínas
67 g de grasas · 27 g de hidratos
de carbono

Tiempo de preparación: 20 min

Corte a los bulbos de hinojo
las hojas verdes tiernas, lávelas, séquelas, píquelas y déjelas
aparte tapadas. • Elimine los nervios externos duros de los bulbos
de hinojo. Divida los bulbos de
hinojo en tiras. Rocíe las tiras de
hinojo gota a gota con el zumo de
limón y déjelas aparte tapadas. •
Ponga a remojar el pan blanco en
la leche fría. Pele los dientes de
ajo y páselos por el prensaajos sobre un cuenco. Escurra bien el
pan blanco, añádalo junto con las
yemas de huevo a la pasta de ajo
y remuévalo todo bien. Eche el
aceite de oliva, primero gota a gota y después en un chorrito fino
sobre la masa de ajo, removiendo
hasta obtener una mayonesa.
Condiméntela con el vinagre de
estragón, la sal y la pimienta. Esparza por encima las hojitas de hinojo picadas. Sirva el alioli de ajo
en una salsera pequeña. • Coloque la salsera en una fuente y
ponga las tiras de hinojo alrededor. Las tiras de hinojo se comen
junto con la mayonesa. • Acompañe con pan blanco de barra
fresco y vino blanco seco.

Alcachofas rellenas

Una entrada exquisita para ocasiones especiales

1½ l de agua

2 cucharaditas de sal

1 cucharada de zumo de limón

4 alcachofas · 1 diente de ajo

100 g de champiñones

200 g de quisquillas o gambas

⅛ l de crema de leche

1 pizca de sal y pimienta blanca

60 g de queso Gruyère rallado

2 cucharadas de mantequilla

Para la fuente: aceite

Coste medio • Elaborada

Por persona, unos 1 470 kJ/
350 kcal · 17 g de proteínas
22 g de grasas · 19 g de hidratos
de carbono

Tiempo de preparación: 10 min
Tiempo de cocción: 50-60 min

Ponga a hervir el agua con la sal y el zumo de limón. • Corte los tallos de las alcachofas justo hasta la flor, quíteles las hojas externas duras y recorte las hojas restantes aproximadamente a un tercio de su longitud. Lave las alcachofas, sumérjalas en el agua hirviendo con la parte del tallo hacia abajo y déjelas cocer destapadas y con el agua agitándose ligeramente durante 30 minutos. • Saque después las alcachofas del agua, escúrralas y déjelas enfriar. • Pele la cebolla y el diente de ajo y píquelos finamente. Prepare los champiñones, lávelos, séquelos y píquelos también.

Hierva las quisquillas o gambas, déjelas escurrir, enfríelas, pélelas y córtelas en trocitos pequeños. Caliente la leche. • Caliente el aceite. Dore en él la cebolla y el ajo removiéndolos. Espolvoree por encima la harina, dórela también y añádale poco a poco la leche caliente. Deje cocer la salsa removiendo constantemente durante 5 minutos. • Agregue a la salsa la crema de leche, la sal y la pimienta, los champiñones y las quisquillas troceadas. • Aceite una fuente refractaria. Precaliente el horno a 200 °C. • Separe las hojas de las alcachofas y saque el heno o pelusilla del centro. Eche el relleno en el centro de las alcachofas y reparta también un poco de relleno entre las hojas externas. Ponga las alcachofas en el molde, espolvoréelas con el queso rallado y úntelas con copitos de mantequilla. • Gratine las alcachofas en el centro del horno precalentado de 20 a 30 minutos, hasta que el queso se derrita y se haya formado una costra ligeramente dorada sobre las alcachofas.

Nuestra sugerencia: En vez de quisquillas, las alcachofas pueden rellenarse también con jamón dulce, cortado en dados. Utilice entonces en vez de aceite de oliva, aceite de nueces y en vez de queso Gruyère, queso de bola. Si desea servir las alcachofas sin las quisquillas, añadir a la salsa para el relleno 4 cucharadas de trigo triturado, 4 cucharadas de pepitas de girasol peladas y picadas y 2 cucharadas de hierbas aromáticas variadas, recién picadas.

Tomates rellenos con arroz y atún

Apropiados como entrada o cena ligera

8 tomates medianos
1 cucharadita de sal
150 g de arroz de grano largo cocido
200 g de atún enlatado
2 cucharadas de perejil picado
1 pizca de pimienta negra
½ cucharadita de limón rallado
2 cucharadas de crema de leche
2 cucharadas de petit suisse
8 hojas pequeñas de albahaca

Económica • Fácil

Por persona, unos 1 135 kJ/
270 kcal · 17 g de proteínas
15 g de grasas · 17 g de hidratos
de carbono

Tiempo de preparación: 10 min

Lave los tomates, séquelos y corte una tapita pequeña con un cuchillo afilado en el lado opuesto del pedúnculo que habrá retirado. Vacíe los tomates con una cucharilla y sálelos. • Ponga el arroz en una fuente. Escurra el atún, desmenúcelo en trozos pequeños y añádalo al arroz junto con el perejil picado, la pimienta, la ralladura de limón, la crema y el petit suisse. Mezcle todos los ingredientes de forma que queden sueltos. • Rellene los tomates con la mezcla de arror y atún y vuelva a ponerlos las tapitas. • Lave las hojas de albahaca y séquelas. Adorne cada tomate con 1 hoja de albahaba.

Nuestra sugerencia: Cuando utilice limón rallado o rodajas de limón sin pelar, hágalo siempre con frutos no exprimidos. En vez de atún puede mezclar el arroz con brotes de soja, en cuyo caso elimine la ralladura de limón. La pulpa vaciada de los tomates se puede utilizar para una salsa italiana acompañando a un plato de pasta. Para ello fría 1 cebolla picada y 1 diente de ajo en 1 cucharada de aceite de oliva, añádale la pulpa del tomate y deje reducir la salsa. Condiméntela con orégano seco, sal y pimienta negra recién molida.

Acelgas gratinadas

Todas la recetas de espinacas valen también para las acelgas

500 g de acelgas jóvenes
1½ l de agua · 2 huevos
½ cucharadita de sal
4 rebanadas de pan de molde
2 cucharadas de mantequilla
8 cucharadas de crema de leche
2 cucharadas de petit suisse
1 pizca de sal
50 g de queso Emmental
rallado

Rápida • Fácil

Por persona, unos 1 050 kJ/
250 kcal · 13 g de proteínas
16 g de grasas · 14 g de hidratos
de carbono

Tiempo de preparación: 10 min
Tiempo de cocción: 15 minutos

Quite a las acelgas los tallos gruesos y los nervios, lávelas y séquelas. • Ponga a hervir el agua con la sal, introduzca en ella las hojas de acelgas y déjelas cocer a fuego lento y tapadas 5 minutos. • Ponga a escurrir después las acelgas en un colador y córtelas en tiras finas. • Precaliente el horno a 220 °C. • Tueste las rebanadas de pan y úntelas con 1 cucharada de mantequilla. • Bata los huevos con la crema, el petit suisse y la sal. Caliente la mantequilla restante en una sartén y deje cuajar un poco la masa de huevo, removiendo constantemente. • Distribuya las acelgas sobre las tostadas y ponga encima la mezcla de huevos ligeramente cuajada. Reparta el queso rallado sobre él. • Ponga las tostadas en la placa del horno y déjelas gratinar 10 minutos, hasta que el queso haya formado una costra dorada.

Nuestra sugerencia: En vez de acelgas, puede usted servir las tostadas con espinacas, que sólo tendrán que blanquearse en 1 l de agua salada hirviendo durante 1 minuto. Ponga las espinacas bien escurridas sobre las tostadas untadas con mantequilla.

Yemas de espárragos gratinadas

Un festín para los «fans» de los espárragos

1 kg de espárragos
1 cucharadita de sal
1 terrón de azúcar
4 rebanadas de pan de molde
2 cucharadas de mantequilla
200 g de quisquillas o gambas
2 cucharadas de crema de leche
2 cucharadas de petit suisse
4 cucharadas de queso de bola
2 cucharadas de eneldo picado

Coste medio

Por persona, unos 1 490 kJ/
355 kcal · 23 g de proteínas
13 g de grasas · 37 g de hidratos
de carbono

Tiempo de preparación: 15 min
Tiempo de cocción: 30 minutos

Pele ligeramente de arriba a abajo los espárragos y corte los extremos leñosos. • Ponga a hervir en 2 l de agua la sal y el azúcar. Ate los espárragos en tres manojos y déjelos cocer en la cacerola tapada de 10 a 15 minutos, según su grosor. • Saque los espárragos del líquido y corte las yemas en trozos de aproximadamente 6 cm (guarde el resto de los espárragos y el líquido de los mismos para una sopa). Deje escurrir las yemas. • Recorte la corteza del pan blanco y unte las rebanadas con la mantequilla. • Precaliente el horno a 220 °C. • Hierva las quisquillas, escúrralas y déjelas enfriar. Reparta las yemas sobre las rebanadas y ponga encima las quisquillas. • Coloque las rebanadas en una placa de hornear cubierta con papel de aluminio. Bata la crema con el petit suisse y el queso rallado y cubra con ello las quisquillas. • Gratine las rebanadas en el centro del horno hasta que la superficie esté dorada. • Esparza el eneldo por encima. • Acompañe con una ensalada de cogollos de lechuga fresca.

Gelatina de verduras

Excelente para los días calurosos de verano

¼ l de agua
½ cucharadita de sal
8 granos de pimienta blanca
2 manojos de hojas de apio, perejil, perifollo y estragón
1 coliflor pequeña (500 g aproximadamente)
250 g de guisantes
12 hojas de gelatina
1 l de agua
1 manojo pequeño de eneldo
2 manojos de perejil
Unas ramitas de menta fresca
½ l de vino blanco
1 pizca de sal, pimienta blanca y azúcar
1 cucharadita de zumo de limón
2 huevos duros

Económica • Elaborada

Por persona, unos 965 kJ/
230 kcal · 11 g de proteínas
4 g de grasas · 17 g de hidratos
de carbono

Tiempo de preparación: 30 min
Tiempo de cocción: 30 minutos
Tiempo de reposo: 5-6 horas

Ponga a hervir el agua con la sal y los granos de pimienta. Lave todas las hierbas excepto el estragón, séquelas, échelas en el agua hirviendo y déjelas cocer tapadas y a fuego lento 10 minutos. • Cuele el líquido de las hierbas sobre una cacerola. • Divida la coliflor en ramitos, lávelos bien y recorte un poco los troncos. Ponga a cocer los ramitos de coliflor en el líquido de cocer las hierbas 20 minutos con el recipiente tapado. • Saque la coliflor del agua con una espumadera, sumérjala en el agua helada y déjela enfriar sobre un lienzo. • Cueza ahora los guisantes 10 minutos en el líquido de cocer las hierbas. • Ponga la gelatina a remojar en el agua y déjela reposar. • Saque los guisantes cocidos del líquido de cocción con una espumadera, sumérjalos en el agua helada y

póngalos también a enfriar sobre un lienzo. • Lave el eneldo, el perejil y la menta y séquelos bien. • Exprima la gelatina y deslíala removiendo en el líquido caliente de las hierbas. Añada al líquido de las hierbas el vino blanco y, si es necesario, un poco de agua, hasta obtener ¾ l de líquido. Condimente con la sal, la pimienta, el azúcar y el zumo de limón y déjelo enfriar. • Enjuague con agua fría un molde para budín, llene ½ cm con el líquido gelatinoso y déjelo cuajar en el frigorífico. • Pele los huevos, córtelos en rodajas y colóquelos sobre la gelatina cuajada. Ponga algunas puntas de eneldo entre los huevos. Vuelva a verter otro poco de líquido gelatinoso sobre las rodajas de huevo y deje cuajar en el frigorífico. • En la capa cuajada eche la mitad de los guisantes y coloque encima los ramitos de coliflor. Vierta por encima líquido gelatinoso y déjelo cuajar en el frigorífico. • Quite los tallos a las

hojitas de perejil y póngalas sobre la coliflor. Eche ahora el resto de los guisantes y cúbralo con el resto del líquido gelatinoso. • Deje cuajar la gelatina de verduras de 3 a 4 horas en el frigorífico. • Antes de servirla, separe la gelatina del borde con un cuchillo afilado. Sumerja el molde un momentito en agua caliente y vuelque la gelatina en un plato. • Utilice el perejil conservado, el resto del eneldo, el estragón y la menta para adornar la gelatina. • Acompáñelo con una salsa verde y pan blanco de barra fresco.

<u>Nuestra sugerencia</u>: La verdura para esta gelatina puede variarse según los gustos: así, por ejemplo, en vez de una parte de los guisantes, puede añadir 1 zanahoria cocida cortada en rodajitas y ½ pimiento rojo cortado en dados pequeños.

Suflé de espinacas

Una deliciosa entrada ligera

1 kg de espinacas frescas
1 l de agua · 6 escalonias
1 cucharadita de sal
½ manojo de perejil
2 cucharadas de aceite
2 cucharaditas de zumo de limón
⅛ l de leche · 4 huevos
3 cucharadas de mantequilla
4 cucharadas de harina
1 pizca de nuez moscada rallada
50 g de queso parmesano
½ cucharadita de sal
1 pizca de pimienta negra
Para los moldes: mantequilla

Elaborada

Por persona, unos 1 615 kJ/
385 kcal · 22 g de proteínas
23 g de grasas · 22 g de hidratos
de carbono

Tiempo de preparación: 1 hora
Tiempo de cocción: 25 minutos

Lávelas y blanquéelas 1 minuto en el agua salada hirviendo. • Pele las escalonias y píquelas. Pique también el perejil. • Sofría las escalonias en el aceite. Añada las espinacas con el perejil y el zumo de limón, remueva bien y aparte del fuego. • Caliente la leche. Prepare una salsa blanca con la mantequilla, la harina y la leche y póngala a cocer; condiméntela con la pimienta de Cayena y la nuez moscada, apártela del fuego y añádale el queso. Separe las yemas de las claras. Mezcle las yemas con la salsa bechamel. Agregue a las espinacas y salpimente. • Precaliente el horno a 180 °C. Unte cuatro moldes para suflé con mantequilla. • Bata las claras de huevo a punto de nieve y mézclelas con cuidado con las espinacas. • Vierta la mezcla de espinacas en los moldes y póngalos a hornear en el centro del horno 25 minutos. • Sirva los suflés inmediatamente.

Suflé de brécoles

Sírvalos inmediatamente tras hornearlos

800 g de brécoles
2 l de agua
1 cucharadita de sal
2 cucharadas de maicena
2 cucharadas de crema de leche
2 cucharadas de petit suisse
3 huevos
1 pizca de sal
50 g de queso parmesano recién rallado
Para el molde: mantequilla

Económica • Elaborada

Por persona, unos 985 kJ/
235 kcal · 19 g de proteínas
12 g de grasas · 13 g de hidratos
de carbono

Tiempo de preparación: 45 min
Tiempo de cocción: 40 minutos

Limpie los brécoles, divídalos en ramitos, corte los troncos y trocéelos. Ponga a hervir el agua con la sal. Deje hervir los brécoles 10 minutos. • Bata la maicena con la crema y el petit suisse. Pase los brécoles cocidos por tandas por el pasapurés agregando de 1 a 2 cucharadas de su líquido de cocción cada vez. Mezcle después el puré con la mezcla de crema fresca y removiendo, déle varios hervores. • Separe las yemas de las claras. Mezcle las yemas y la sal con el puré de brécoles. • Precaliente el horno a 220 °C. • Bata las claras a punto de nieve y amalgámelas con el puré de brécoles removiendo cuidadosamente con el queso parmesano. • Unte un molde, que deberá ser lo suficientemente grande para que el relleno sólo cubra aproximadamente dos tercios del mismo, con mantequilla. Llénelo con la mezcla de brécoles y hornee en el centro del horno 40 minutos. • Sirva el suflé inmediatamente. • Acompáñelo con arroz integral o blanco, con un poco de mantequilla.

Judías verdes maceradas

Un primer plato delicioso para visitas inesperadas

Ingredientes para 8 personas:

2 kg de judías verdes
4 l de agua
1 cucharada de sal
1 manojo de ajedrea
750 g de azúcar
3 clavos
2 cucharaditas de cúrcuma
¾ l vinagre de vino blanco

Fácil • Elaborada

Por persona, unos 2 060 kJ/
490 kcal · 6 g de proteínas
0 g de grasas · 109 g de hidratos
de carbono

Tiempo de preparación: 1 hora
Tiempo de cocción: 20 minutos
Tiempo de reposo: 3 días

Quite los extremos y los hilos a las judías y lávelas. • Ponga a hervir el agua con la sal y la ajedrea. Deje hervir las judías tapadas 15 minutos. • Escúrralas después en un colador. Elimine la ajedrea. • Mida ¼ l de líquido de cocción y póngalo en una cacerola. Ponga a cocer el azúcar, los clavos y la cúrcuma en el líquido de cocción removiendo, hasta que el azúcar se haya deshecho por completo. Vierta el vinagre en el líquido azucarado y deje cocer otros 5 minutos con la cacerola abierta • Eche las judías en un tarro de cristal grande. Vierta sobre ellas el líquido avinagrado caliente, cierre el tarro y deje enfriar las judías. • Conserve las judías maceradas en el frigorífico. Durante los 3 días siguientes, escurra cada día las judías por un colador, recoja el líquido avinagrado, déle un hervor y vuélvalo a echar caliente sobre las judías. • Después puede conservar las judías tapadas en el frigorífico hasta 4 semanas. • Acompáñelas con pan blanco fresco de barra o pan de ajo.

Pimientos a la húngara

Una guarnición para pequeños platos

Ingredientes para 8 personas:

3 pimientos verdes y rojos
500 g de escalonias
2 dientes de ajo
2 cucharaditas de sal
1 cucharadita de orégano seco
¾ l de vinagre de sidra
2 hojas de laurel
600 g de azúcar

Elaborada

Por persona, unos 1 680 kJ/
400 kcal · 4 g de proteínas
0 g de grasas · 90 g de hidratos
de carbono

Tiempo de preparación: 40 min
Tiempo de cocción: 10 minutos
Tiempo de reposo: 3 días

Precaliente el horno a 250 °C. • Coloque los pimientos en la parrilla del horno y áselos en el centro hasta que se agrieten las pieles. Deje enfriar los pimientos y áselos. • Pele las escalonias y córtelas en cuartos. Pele los dientes de ajo, trocéelos y macháquelos con la sal. Corte los pimientos en cuartos, quíteles las membranas y semillas, córtelos en trozos y póngalos en una cacerola con las escalonias, la mezcla de ajo y sal, el orégano, el vinagre, las hojas de laurel y el azúcar. Vierta el agua hasta que todo quede cubierto. • Deje cocer 10 minutos, vierta después la verdura junto con el líquido en un recipiente grande. Ponga a enfriar los pimientos y consérvelos tapados en el frigorífico. • Durante cada uno de los 3 días siguientes, cuele el líquido de los pimientos, déle un hervor y vuélvalo a verter caliente sobre la verdura. • Podrá conservar los pimientos después 4 semanas tapados en el frigorífico. • Los pimientos a la húngara se sirven con pan casero y aves frías.

Macedonia de verduras agridulce

Con gombos para dar un toque exótico

Ingredientes para 8 personas:
1 kg de tomates maduros pequeños
500 g de escalonias
500 g de gombos
El zumo y la ralladura de 1 limón
1 cucharada de sal
4 granos de pimienta blanca
10 granos de mostaza
750 g de azúcar
¾ l de vinagre de sidra

Fácil

Por persona, unos 1 975 kJ/
470 kcal · 4 g de proteínas
0 g de grasas · 109 g de hidratos
de carbono

Tiempo de preparación: 30 min
Tiempo de reposo: 3 días

Escalde los tomates, pélelos, córtelos por la mitad y elimine los pedúnculos. Pele las escalonias y córtelas por la mitad. Lave los gombos, quíteles los tallos y las puntas finas y córtelas por la mitad a lo largo. ●Ponga a cocer el zumo de limón, la ralladura de limón, la sal, los granos de pimienta y mostaza, el azúcar y el vinagre, removiendo, hasta que el azúcar se haya disuelto por completo. Vierta el líquido sobre la mezcla de verduras preparada y déjela reposar tapada durante 12 horas. ● Pasado este tiempo escurra las verduras por un colador. Recoja el líquido, vuélvalo a cocer 5 minutos y viértalo caliente sobre las verduras. Una vez que las verduras se hayan enfriado consérvelas tapadas en el frigorífico. ● Vuelva a aliñar la verdura agridulce otras dos veces con el líquido caliente cocido en los dos días siguientes. ● Como mejor sabe la macedonia de verduras es cuando ha reposado 4 semanas en el frigorífico. ● Saque la macedonia de verduras con tiempo del frigorífico antes de servirla. ● Acompáñela con panecillos de centeno frescos y salami.

La variedad de la oferta
va a sorprenderle

Las verduras como plato completo

Platos clásicos de verduras
que se alternan con creaciones extraordinarias.
Aquí descubrirá sus nuevos platos favoritos.

Crema de acederas con huevos escalfados

Un plato lleno de frescor y finas hierbas

2 cebollas tiernas · 1 pepino
80 g de hojas de acederas
1 cucharada de margarina
1 pizca de sal · 1 yogur natural
1 cucharadita de miel
1 cucharadita de mostaza suave
1 pizca de pimienta blanca
$\frac{1}{8}$ l de crema de leche espesa
2 cucharadas de eneldo picado
2 l de agua · 4 huevos
1 cucharadita de sal
2 cucharadas de vinagre
4 rebanadas de pan de molde integral

Receta integral• Económica

Por persona, unos 945 kJ/
225 kcal · 5 g de proteínas
15 g de grasas · 17 g de hidratos
de carbono

Tiempo de preparación: 30 min

Prepare las cebollas, lávelas y píquelas finas. Prepare las hojas de acedera, quíteles los tallos gruesos, lávelas, séquelas y píquelas también finas. Lave el pepino, séquelo y rállelo sin pelarlo. • Derrita la margarina. Dore en ella la cebolla. Añada la acedera y sofríala removiendo durante 5 minutos. Déjelas enfriar y mézclelas con el pepino rallado, la sal, la miel, la mostaza y la pimienta. Mezcle con el yogur. Bata la crema hasta que esté espesa, mézclela con la anterior preparación y esparza por encima el eneldo. • Ponga a hervir el agua con la sal y el vinagre. Casque los huevos en una taza y échelos con cuidado en el agua ligeramente hirviendo. Vuelva a dar un hervor al agua, apártela inmediatamente del fuego y deje escalfar los huevos cinco minutos en el agua caliente. Tueste las rebanadas de pan. Saque los huevos del agua con una espumadera, recorte un poco los bordes y póngalos sobre el pan tostado. • Acompañe con la crema de acederas.

Tortilla de hierbas silvestres

La alegría del recolector determina la elección de las hierbas

150 g de hierbas silvestres variadas como hojas de acanto, llantén, mostaza silvestre, perifollo, tila y diente de león
2 escalonias
1 diente de ajo
$\frac{1}{2}$ cucharadita de sal
3 cucharadas de aceite de semillas
1 pizca de sal y pimienta blanca
8 huevos
4 cucharadas de crema de leche
1 pizca de pimienta negra

Receta integral • Económica

Por persona, unos 1 260 kJ/
300 kcal · 17 g de proteínas
23 g de grasas · 7 g de hidratos
de carbono

Tiempo de preparación: 40 min

Limpie las hierbas, quíteles los tallos gruesos, lávelas, séquelas y píquelas. Pele las escalonias y píquelas también. Pele el diente de ajo, córtelo en trozos y aplástelo junto con la sal. • Dore las escalonias en 1 cucharada de aceite. Añádale las hierbas y el ajo y sofría removiendo durante 5 minutos, salpimente. • Bata los huevos con la crema, la sal y la pimienta. Caliente el aceite restante por tandas en una sartén y cuaje cada vez un cuarto de la mezcla de huevo. En los primeros minutos remuévalo con el dorso de una cuchara. agite después un poco la sartén, hasta que esté cocida la base de la tortilla. Ponga un cuarto de la mezcla de hierbas sobre una de las mitades de la tortilla. Cierre la tortilla y deslícela con cuidado a un plato precalentado. En caso necesario, conserve las tortillas terminadas calientes en el horno a 80 °C hasta el momento de servirlas. • Acompáñelas con champiñones fritos en mantequilla como guarnición, patatas nuevas o pan.

Espárragos como plato principal

¡La temporada dura poco; disfrute pródigamente de los espárragos!

Espárragos al estilo clásico

Al fondo de la foto

1½ kg de espárragos medianos, a ser posible recién cortados
1 cucharadita de sal
1 terrón de azúcar
200 g de mantequilla

Coste medio • Fácil

Por persona, unos 1 975 kJ/ 470 kcal · 8 g de proteínas 42 g de grasas · 15 g de hidratos de carbono

Tiempo de preparación: 15 min
Tiempo de cocción: 15-20 min

Pele finamente cada espárrago con el pelador de espárragos o con un cuchillo, por debajo de las yemas de arriba a abajo, córteles los extremos duros. Lave los espárragos bajo el chorro de agua fría. Ate de 6 a 10 espárragos cada vez con un bramante. • Ponga a cocer en una cacerola lo suficientemente grande con la sal y el terrón de azúcar tanta agua como sea necesaria, para que los manojos de espárragos queden cubiertos. Meta los manojos de espárragos en el agua hirviendo y déjelos cocer tapados de 15 a 20 minutos; en cualquier caso las yemas no deben romperse ni quedar demasiado blandas. • Derrita la mantequilla, échela en una salsera y manténgala caliente. • Saque los espárragos cocidos del agua y sumérjalos un momento en agua salada fría. Ponga los manojos de espárragos a escurrir sobre lienzos gruesos y sírvalos en una fuente precalentada o en una fuente especial para espárragos con canalillos, donde se puede recoger el agua que sueltan. Quíteles el bramante antes de servirlos.

Espárragos gratinados

En primer plano de la foto

1½ kg de espárragos medianos
1 cucharadita de sal
1 terrón de azúcar · 1 cebolla
2 cucharadas de mantequilla
3 cucharadas de harina
⅛ l caldo de carne de ternera caliente · 1 pizca de sal
⅛ l de leche caliente
1 pizca de nuez moscada rallada, pimienta blanca y tomillo seco
50 g de queso Gruyère rallado
2 yemas de huevo
4 cucharadas de crema de leche

Elaborada • Coste medio

Por persona, unos 1 300 kJ/ 310 kcal · 18 g de proteínas 16 g de grasas · 24 g de hidratos de carbono

Tiempo de preparación: 20 min
Tiempo de cocción: 25-35 min

Prepare y cueza los espárragos como se ha descrito en la receta anterior. • Pele la cebolla y píquela. Caliente la mantequilla. Dore en ella la cebolla. Espolvoréela por encima con la harina y dórela también. Vierta poco a poco el caldo de carne, déle varias veces un hervor. Añada la leche caliente y vuelva a dar un hervor a la salsa. Condimente la salsa con la sal, la nuez moscada, la pimienta y el tomillo triturado. Mezcle el queso rallado con la salsa. Bata las yemas de huevo con la crema de leche. Mezcle 4 cucharadas de la salsa caliente con la crema y las yemas de huevo. Aparte la salsa del fuego y añádale removiendo toda la mezcla de yemas. • Precaliente el horno a 230 °C. • Ponga los espárragos cocidos y bien escurridos en una fuente refractaria, cúbralos con la salsa. Gratínelos en el centro del horno de 10 a 15 minutos.

Pastelitos de patata

Un plato sencillo, que siempre gusta

Tortilla de patatas ralladas sobre espinacas

Una tortilla de patatas ralladas totalmente diferente

800 g de patatas harinosas	
50 g de tocino ahumado entreverado · 2 huevos	
2 cebollas grandes	
100 g de trigo triturado	
1 cucharadita de sal	
1 pizca de pimienta blanca	
½ cucharadita de mejorana seca o 2 cucharaditas de mejorana recién picada	
5 cucharadas de pan rallado	
3 cucharadas de aceite	

Económica • Elaborada

Por persona, unos 2 060 kJ/ 490 kcal • 15 g de proteínas 20 g de grasas • 62 g de hidratos de carbono

Tiempo de preparación: 20 min
Tiempo de cocción: 40-45 min

Cepille las patatas bajo el chorro de agua, póngalas después a hervirlas cubiertas de agua de 30 a 35 minutos, hasta que estén blandas. • Escurra las patatas y déjelas enfriar. • Corte el tocino en dados. Pele las cebollas y píquelas finamente. • Pele las patatas, páselas por el prensapatatas o rállelas con un rallador. Dore el tocino y fría en él la cebolla, luego añádalo todo a la masa de patatas. Haga una pasta maleable, pero seca, con el trigo triturado, los huevos, la sal, la pimienta y la mejorana y amalgámela con la mezcla de patatas. • Forme pastelitos de unos 5 cm de diámetro y 2 cm de grosor con la mezcla de patatas, páselos por el pan rallado y fríalos en el aceite caliente por ambos lados, hasta que estén crujientes y dorados. • Acompáñelos con una ensalada verde.

<u>Nuestra sugerencia:</u> Si desea que los pastelitos tengan menor valor calórico, puede utilizar en lugar del tocino jamón magro bien troceado, y freír los pastelitos sin empanarlos.

400 g de patatas harinosas	
3 cucharadas de harina	
1 cucharadita de sal	
500 g de espinacas	
½ cucharadita de sal	
1 pizca de nuez moscada rallada	
4 cucharadas de mantequilla derretida	
40 g de tocino ahumado en 4 lonchas	
4 huevos	
1 pizca de sal y pimienta negra molida	

Elaborada • Económica

Por persona, unos 1 535 kJ/ 365 kcal · 13 g de proteínas 23 g de grasas · 24 g de hidratos de carbono

Tiempo de preparación: 30 min
Tiempo de cocción: 20 min

Pele las patatas, lávelas y rállelas. Mézclelas con la harina y la sal y déjelas aparte tapadas. • Prepare las espinacas, lávelas y échelas en una cacerola sin escurrirlas, cuézalas después a fuego lento y tapadas durante 10 minutos, hasta que se ablanden. Condiméntelas con la sal y la nuez moscada y póngalas al fuego tapadas. • Caliente por tandas la mantequilla derretida y fría la mezcla de patatas 4 tortillas de patata del mismo tamaño hasta que queden crujientes. Mantenga las tortillas de patatas calientes. • Fría las lonchas de tocino en la misma sartén hasta que se doren, sáquelas y póngalas sobre las tortillas. • Fría en la grasa de tocino restante 4 huevos. Espolvoree las claras con sal y las yemas con pimienta molida. • Sirva las espinacas en platos separados, ponga sobre cada uno 1 tortilla de patata y sobre cada una 1 huevo al plato y una loncha de tocino frito.

Patatas a la bechamel con guisantes

Prepare este plato con patatas nuevas

1 kg de patatas
600 g de guisantes
¼-½ l de agua
1 pizca de sal
1 manojo grande de hierbas variadas como eneldo, perifollo, perejil y cebollino
1 cebolla
2 cucharadas de mantequilla
1 cucharada de harina
⅛ l de leche caliente
1 pizca de sal y otra de pimienta blanca
4 cucharadas de crema de leche

Económica • Fácil

Por persona, unos 1 700 kJ/ 405 kcal · 19 g de proteínas 9 g de grasas · 62 g de hidratos de carbono

Tiempo de preparación: 15 min
Tiempo de cocción: 30-35 min

Cepille las patatas bajo el chorro de agua, póngalas a hervir sin pelar cubiertas de agua y tapadas de 30 a 35 minutos, escúrralas, pélelas y córtelas en rodajas. • Desgrane los guisantes y póngalos a cocer en el agua salada de 6 a 9 minutos según tamaño, escúrralos después (recoja el líquido de cocción y déjelos aparte tapados. • Lave las hierbas, séquelas y píquelas finamente. Pele la cebolla y píquela. • Caliente la mantequilla. Dore en ella la cebolla. Espolvoree la harina por encima y, removiendo, déjela dorar un poco. Vierta poco a poco por encima el líquido de cocción de los guisantes. Remueva con la leche. Deje cocer la salsa unos minutos y salpiméntela. • Caliente las patatas y los guisantes en la salsa. Por último, añádale la crema, remueva y esparza las hierbas por encima.

Nuestra sugerencia: En vez de guisantes, las patatas a la bechamel se pueden preparar también con judías verdes o pimientos verdes troceados. Si desea un sabor más fuerte, agregue trocitos de tocino fritos o lonchas de embutido.

Pimientos rellenos

Para los pimientos se pueden inventar todo tipo de rellenos

Pimientos con carne picada

En primer plano de la foto

4 pimientos verdes grandes

Sal · 1 cebolla grande

2 cucharadas de aceite

400 g de carne picada

200 g de arroz cocido

1 cucharadita de sal · 1 huevo

½ cucharadita de romero seco

2 cucharadas de perejil picado

¼ l de caldo de carne caliente

4 cucharadas de tomate

concentrado · 2 dientes de ajo

1 dl de crema de leche agria

1 pizca de azucar, sal y pimentón

dulce · 100 g de champiñones

Económica • Fácil

Por persona, unos 2 165 kJ/
515 kcal · 28 g de proteínas
31 g de grasas · 31 g de hidratos
de carbono

Tiempo de preparación: 20 min
Tiempo de cocción: 40 minutos

Corte una tapita en la parte del pedúnculo de los pimientos. Quíteles las membranas y las semillas. Lave los pimientos. Pele la cebolla y los dientes de ajo y píquelos. Lave los champiñones y córtelos en láminas finas. • Caliente el aceite. Dore la cebolla y el ajo. Añada los champiñones y la carne picada y fría todo removiéndolo. • Mezcle el arroz, la sal, el huevo, el romero triturado y el perejil con la carne picada. Rellene con ello los pimientos. • Ponga los pimientos en una fuente, vierta por encima el caldo de carne y déjelos rehogar tapados unos 40 minutos. • Mantenga los pimientos calientes en la fuente. Mezcle el líquido de cocción con el tomate concentrado y la crema. Condimente esta salsa con las especias.

Pimientos rellenos de cereales triturados

Al fondo de la foto

4 pimientos rojos grandes

1 cebolla · 4 tomates

1 cucharada de aceite de semillas

8 cucharadas de mezcla de seis
cereales recién triturados

4 cucharadas de hierbas picadas

1 pizca de pimienta de Cayena

¼ l de caldo de verduras caliente

1 cucharada de crema de leche

1 cucharada de petit suisse

4 cucharadas de queso de bola
rallado · 1 cucharadita de sal

2 cucharadas de pepitas de
girasol picadas · 2 huevos

1 cucharadita de maicena

4 cucharadas de zumo de
naranja

Receta integral • Económica

Por persona, unos 1 300 kJ/
310 kcal · 15 g de proteínas
14 g de grasas · 31 g de hidratos
de carbono

Tiempo de preparación: 20 min
Tiempo de cocción: 40 minutos

Corte una tapita a los pimientos. Pele la cebolla y píquela. Escalde los tomates y córtelos en dados. • Dore la cebolla. Añada los cereales triturados, fríalos y mézclelos con los tomates, los huevos, las hierbas y las especias. Rellene con ello los pimientos y rocíelos con el caldo de verduras. Bata la crema de leche con el petit suisse, el queso y las pepitas de girasol y repártalo sobre el relleno. Coloque las tapitas. Sofría los pimientos 40 minutos. • Deslía la maicena con el zumo de naranja. Ligue el líquido de cocción de los pimientos con ello y condimente con sal y pimienta de Cayena.

Pepinos rellenos estofados

Especialmente delicioso con un relleno de jamón

Colinabos rellenos

Esta farsa, sin carne, le va muy bien al colinabo

| 4 pepinos pequeños de 200 g cada uno |
| 4 cucharadas de harina |
| 5 cucharadas de aceite de semillas |
| 3 huevos duros |
| 4 cucharadas de crema de leche |
| 1 pizca de pimienta blanca y nuez moscada rallada |
| 1 cucharada de eneldo y perejil picados |
| 300 g de jamón dulce desgrasado |
| 2 cebollas |
| ⅛ l de caldo de ave caliente |
| Unas ramitas de eneldo |

Económica • Fácil

Por persona, unos 1 995 kJ/ 475 kcal · 25 g de proteínas 36 g de grasas • 13 g de hidratos de carbono

Tiempo de preparación: 30 min
Tiempo de cocción: 30 minutos

Pele los pepinos, lávelos y séquelos. Corte el tercio superior como una tapa y retire con una cuchara las pepitas. Enharine los trozos de pepino. • Caliente 2 cucharadas de aceite en una cazuela y fría los trozos de pepino, después sáquelos del recipiente. Pele los huevos. Mezcle las yemas con la crema, las especias y las hierbas. Corte el jamón en dados. Pele las cebollas y píquelas. Caliente 1 cucharada de aceite. Dore en él la cebolla, agregue los dados de jamón y sofríalos. Deje enfriar un poco la preparación y mézclela con los huevos. • Pique las claras de huevo y mézclelas con el relleno. Rellene los pepinos con la farsa y coloque encima las tapas. • Caliente el resto del aceite en la cazuela. Meta en ella los pepinos, rocíelos con el caldo y déjelos estofar tapados y a fuego lento 30 minutos. • Adorne los pepinos con el eneldo.

| 4 bulbos grandes de colinabo (de 1 kg aproximadamente) |
| ½ l de caldo de verduras |
| 8 cucharadas de trigo triturado |
| 4 cucharadas de anacardos picados |
| 2 huevos · 1 cucharadita de sal |
| 1 cucharada de perejil picado |
| 50 g de crema de leche |
| 2 escalonias · 1 petit suisse |
| 1 cucharadita de maicena |
| 1 cucharada de pimpinela picada |

Receta integral

Por persona, unos 1 470 kJ/ 350 kcal · 14 g de proteínas 18 g de grasas · 32 g de hidratos de carbono

Tiempo de preparación: 20 min
Tiempo de cocción: 40 minutos

Lave los colinabos y pélelos. Lave las hojitas verdes tiernas, séquelas, píquelas y déjelas aparte tapadas. • Ponga a cocer los bulbos de colinabo enteros y tapados en el caldo de verduras durante 25 minutos, después escúrralos y déjelos enfriar. • Corte el tercio superior de los bulbos, vacíe la parte inferior. Pique las tapas y el interior vaciado. Pele las escalonias, píquelas también y mézclelas con el colinabo picado, el trigo triturado, los anacardos, los huevos, la sal y el perejil. Rellene los colinabos con la mezcla. Vierta la mitad del caldo de verduras sobre los colinabos y déjelos cocer tapados otros 15 minutos. • Mantenga después los colinabos calientes en una fuente precalentada. • Cuele el fondo de cocción y bátalo con la crema de leche y el petit suisse. Deslía la maicena en un poco de agua, mézclela con la salsa y déle un hervor. Sale la salsa, mézclela con las hojitas de colinabo picadas y la pimpinela y viértala sobre los colinabos. • Acompañe con puré de patatas.

Patatas rellenas

No es un plato para todos los días, pero sí es especialmente exquisito

250 g de champiñones
1 cebolla grande · 2 cucharadas de aceite de semillas
1 cucharada de perejil picado
1 pizca de sal y pimienta blanca
1 huevo pequeño
2 cucharadas de pan rallado
8 patatas harinosas del mismo tamaño (1 kg)
½ l de caldo de verduras
1 cucharada de harina de trigo integral
⅛ de l de crema de leche agria
1 pizca de sal y otra de pimienta blanca

Receta integral • Económica

Por persona, unos 1 450 kJ/ 345 kcal · 12 g de proteínas 10 g de grasas · 51 g de hidratos de carbono

Tiempo de preparación: 35 min
Tiempo de cocción: 35 minutos

Lave los champiñones y píquelos. Pele la cebolla, píquela y dórela en 1 cucharada de aceite caliente. Añádale los champiñones y el perejil y rehóguelos tapados 5 minutos. Aparte del fuego y salpimente; deje enfriar un poco. Mezcle el huevo con el pan rallado necesario para obtener una masa blanda. • Pele las patatas, lávelas y córteles el tercio superior a lo largo como una tapa. Vacíe las partes inferiores de las patatas e introduzca el relleno. Vuelva a poner las tapas, átelas con un bramante y dore las patatas por todos los lados. Caliente el caldo de verduras, viértalo sobre las patatas y estófelas tapadas y a fuego lento durante 35 minutos. • Saque las patatas después de su líquido de cocción y ponga éste en un cazo al fuego. Líguelo con la harina desleída en un poco de agua fría y póngalo a cocer unos minutos, removiéndolo. Incorpore y salpimente la salsa.

Berenjenas rellenas

Un plato nutritivo y sustancioso

2 berenjenas medianas (600 g)
½ cucharadita de sal
100 g de tocino ahumado entreverado · 4 tomates
2 cebollas · 1 diente de ajo
200 g de champiñones
300 g de arroz cocido
½ cucharadita de sal y pimentón dulce
1 pizca de pimienta y comino
1 cucharada de perejil picado
4 cucharadas de queso Emmental rallado
⅗ dl de caldo de verdura caliente · 1 pizca de azúcar
1 dl de crema de leche agria
2 cucharaditas de maicena
3 cucharadas de tomate concentrado

Fácil

Por persona, unos 1 680 kJ/ 400 kcal · 13 g de proteínas 23 g de grasas · 35 g de hidratos de carbono

Tiempo de preparación: 30 min
Tiempo de cocción: 40 minutos

Corte las berenjenas por la mitad a lo largo; vacíe la pulpa y córtela en trozos. Sale las berenjenas por dentro. Corte el tocino en dados. Pele las cebollas y el diente de ajo y píquelos. Escalde los tomates y córtelos en trozos. Limpie los champiñones y córtelos en rodajas. • Precaliente el horno a 200 °C. • Dore el tocino. Añádale las cebollas, el ajo, los champiñones y la pulpa de las berenjenas y sofríalo todo. Agregue los tomates y prosiga la cocción 5 minutos. Mezcle todo con el arroz. Condiméntelo con las especias y el perejil y rellene con ello las berenjenas, esparza el queso por encima, vierta el caldo de verdura y hornee 40 minutos. • Bata el fondo de cocción con la maicena desleída, el tomate concentrado y el azúcar; deje hervir la salsa.

Variaciones a base de zanahorias

Combinaciones especialmente sabrosas para las zanahorias

Zanahorias y mango con solomillo de cerdo

A la derecha de la foto

600 g de solomillo de cerdo
2 cebollas
750 g de zanahorias
1 mango maduro grande
3 cucharadas de zumo de naranja recién exprimido
½ l de caldo de carne
3 cucharadas de aceite de girasol
1 cucharada de harina · 1 pizca de sal, pimienta de Cayena y azúcar
50 g de pasas de Corinto

Coste medio • Fácil

Por persona, unos 1 140 kJ/ 510 kcal · 32 g de proteínas 24 g de grasas · 41 g de hidratos de carbono

Tiempo de preparación: 30 min
Tiempo de cocción: 25 minutos

Lave la carne y córtela en dados. Pele las cebollas y córtelas también en dados. Lave las zanahorias y córtelas en rodajitas. Corte el mango por la mitad, quítele el hueso, pele las mitades y trocéelas. Lave las pasas de Corinto, déjelas escurrir y póngalas a remojar en el zumo de naranja. Caliente el caldo de carne. • Caliente el aceite. Dore en él los dados de cebolla, añádales los dados de carne y déjelos dorar. Mezcle las zanahorias con la carne y espolvoree por encima con la harina. Vierta el caldo de carne y deje estofar durante 20 minutos. • Condimente las zanahorias con la sal, la pimienta de Cayena y el azúcar. Mezcle los dados de mango y las pasas de Corinto con el zumo de naranja y agréguelos a las zanahorias; prosiga la cocción otros 5 minutos. • Acompañe con patatas a la parisién; bolitas de patatas hervidas en agua salada y pasadas por mantequilla derretida.

Macedonia de zanahorias a la crema

A la izquierda de la foto

800 g de zanahorias
3 cebollas tiernas
500 g de patatas harinosas
3 cucharadas de margarina vegetal
2 cucharadas de miel
¼ l de caldo de verduras caliente
⅛ l de crema de leche
1 cucharadita de sal
2 cucharadas de cebollino picado

Receta integral • Económica

Por persona, unos 1 470 kJ/ 350 kcal · 6 g de proteínas 17 g de grasas · 43 g de hidratos de carbono

Tiempo de preparación: 20 min
Tiempo de cocción: 25 minutos

Raspe las zanahorias, lávelas y córtelas en dados del mismo tamaño. Prepare las cebollas, límpielas bien y córtelas en rodajas. Pele las patatas, lávelas y córtelas en dados. • Derrita la margarina en una cacerola grande y mézclela con la miel. Eche las rodajas de cebolla y zanahoria y déjelas acaramelar 5 minutos. Añada las patatas y cúbralo todo con el caldo de verduras. Prosiga la cocción con el recipiente tapado y a fuego lento durante 25 minutos. • Bata la crema hasta que espese. Sale las verduras. Mezcle con cuidado la crema con las verduras y esparza por encima el cebollino. Sirva este plato con albóndigas de cereales triturados.

Nuestra sugerencia: En vez de cebollitas tiernas puede utilizar ½ cebolla.

Platos de verduras sin carne

Los platos fuertes a base de verduras animan la carta

Calabaza a la italiana

Al fondo de la foto

1 cucharadita de sal · 2 l de agua
1 kg de calabaza sin la cáscara
400 g de queso de oveja seco
2 dl de crema de leche agria
4 cucharadas de cebollino picado
4 cucharadas de harina de trigo
1 huevo · 1 yema de huevo
10 cucharadas de pan rallado
6 cucharadas de aceite de oliva

Receta integral• Elaborada

Por persona, unos 2 165 kJ/ 515 kcal · 20 g de proteínas 36 g de grasas · 28 g de hidratos de carbono

Tiempo de preparación: 50 min

Ponga a hervir el agua con la sal. • Corte la calabaza pelada en rodajas del mismo tamaño y quíteles las pepitas. Sumerja sucesivamente las rodajas de calabaza en el agua salada hirviendo, déjelas blanquear 5 minutos, sáquelas del agua y déjelas escurrir. • Ralle el queso y bátalo con tanta crema agria como haga falta para obtener una masa blanda. Mezcle el cebollino con la masa de queso. • Unte la mitad de las rodajas de calabaza con la crema de queso y ponga sobre cada una de ellas 1 rodaja sin untar. Pase estos sandwiches por harina. Bata la yema de huevo y 1 a 2 cucharadas de crema agria. Pase los bocaditos enharinados por el huevo y por último por el pan rallado. Presione un poco el pan rallado y deje secar el empanado unos minutos. • Caliente el aceite de oliva y fría en él las rodajas de calabaza por ambos lados, hasta que estén crujientes y doradas. • Mantenga al calor las rodajas de calabaza ya fritas en una fuente precalentada, hasta que estén todas preparadas.

Cazuela de tomates y puerros

En primer plano de la foto

3 puerros
4 tomates carnosos maduros
4 patatas hervidas con piel
1 cebolla grande
3 cucharadas de aceite de girasol
½ cucharadita de sal · 2 huevos
1 pizca de sal y pimentón picante
2 cucharadas de crema de leche
2 cucharadas de petit suisse
3 cucharadas de cebollino picado

Económica • Fácil

Por persona, unos 1 405 kJ/ 335 kcal · 14 g de proteínas 15 g de grasas · 36 g de hidratos de carbono

Tiempo de preparación: 20 min
Tiempo de cocción: 25 minutos

Lave bien la parte blanca de los puerros, séquelos y córtelos en anillos. Escalde los tomates, pélelos, córtelos en octavos y quíteles los pedúnculos. Pele las patatas y córtelas en rodajas. Pele la cebolla y píquela. • Caliente el aceite. Dore en él la cebolla picada y el puerro. Agregue las patatas. Sale todo y sofría removiendo unos minutos. • Agregue los tomates y rehóguelo todo tapado otros 15 minutos. • Bata los huevos con la sal, el pimentón, la crema y el petit suisse, vierta la mezcla sobre la verdura y déjela cuajar en el recipiente sin tapar. • Sirva con el cebollino esparcido por encima. • Acompañe con escalopes de ternera.

Nuestra sugerencia: También las hojas verdes de los puerros son sabrosas y alimenticias. Utilícelas con zanahorias, cebollas y apio para un caldo de verduras.

Hinojo con chuletas ahumadas

Una salsa ligera une los finos ingredientes

1 kg de hinojo

1 l de agua ligeramente salada

300 g de chuletas de cerdo ahumadas

2 cucharadas de mantequilla

1 cucharada de harina

1 copita de vino de Jerez (2 cl)

4 cucharadas de crema de leche

1 pizca de sal y pimienta blanca

Rápida • Fácil

Por persona, unos 1 870 kJ/ 445 kcal · 23 g de proteínas 28 g de grasas · 25 g de hidratos de carbono

Tiempo de preparación: 10 min
Tiempo de cocción: 35 minutos

Quite a los bulbos las hojas verdes, lávelas, séquelas, píquelas y déjelas aparte tapadas. Elimine las hojas exteriores y recorte un poco las bases de los bulbos. Cuartéelos y luego córtelos en tiras. Sumerja las tiras de hinojo en el agua salada hirviendo y déjelas hervir 25 minutos. • Corte la carne en tiras del mismo grosor. Escurra el hinojo en un colador y recoja ¾ de l de caldo de cocción. • Derrita la mantequilla en una cazuela, espolvoréela con la harina y déjela dorar removiendo. Vierta poco a poco el caldo de hinojo y deje cocer la salsa 5 minutos removiéndola sin cesar. Bata la salsa con el vino y la crema y salpiméntela. • Agregue las tiras de hinojo y carne a la salsa y deje cocer 5 minutos. • Sirva el plato espolvoreado con las hojas de hinojo. • Acompáñelo con patatas asadas.

Escorzoneras gratinadas

Descubra la escorzonera como una exquisitez

½ l de agua · 4 cucharadas de vinagre

2 cucharadas de harina

1 kg de escorzoneras · 1 cebolla

1 l de agua · 1 cucharadita de sal

4 cucharadas de zumo de limón

200 g de jamón dulce

1 cucharada de mantequilla

1 cucharadita de pasta de anchoas · 5 tomates

1 pizca de pimienta blanca y nuez moscada rallada

1 chorrito de salsa Worcestershire

½ cucharadita de albahaca seca

100 g de queso Emmental groseramente rallado

Económica

Por persona, unos 2 165 kJ/ 515 kcal · 22 g de proteínas 22 g de grasas · 57 g de hidratos de carbono

Tiempo de preparación: 10 min
Tiempo de cocción: 45-50 minutos

Mezcle el agua con el vinagre y la harina. • Cepille las escorzoneras bajo el chorro de agua, pélelas, córteles las puntas y las partes oscuras, vuelva a lavar las raíces bajo el chorro del agua fría y échelas en la mezcla de harina y agua para que no se pongan oscuras. • Ponga a hervir el agua con la sal y el zumo de limón. Deje hervir en ella las escorzoneras de 35 a 40 minutos. • Pele la cebolla y píquela junto con el jamón. Escalde los tomates, pélelos y trocéelos. • Precaliente el jorno a 220 °C. • Sofría la cebolla y el jamón en la mantequilla. Agregue el tomate, la pasta de anchoas, las especias y la albahaca triturada. • Deje escurrir las escorzoneras y póngalas en una fuente refractaria. Mida ⅛ l de su líuido de cocción y mézclelo con la preparación de tomate, reparta esto sobre las escorzoneras y esparza por encima el queso. • Ponga a gratinar la fuente en el horno 10 minutos.

Deliciosos rollitos de col

La carne picada de cordero o de ave resulta un relleno exquisito

Rollitos de col con carne de cordero

A la izquierda de la foto

1 cogollo de col (unos 800 g)
1 cucharadita de sal
2 cebollas · 1 diente de ajo
500 g de pierna de cordero picada · 1 huevo
100 g de arroz hervido
1 cucharadita de zumo de limón
½ cucharadita de tomillo seco
1 pizca de sal y pimienta blanca
1 trozo de apio nabo
2 cucharadas de aceite de girasol
1 hoja de laurel
¼ l de caldo de verduras caliente
1 ramita de romero
1 cucharada de harina de trigo
50 g de crema de leche
1 petit suisse grande
2 cucharadas de perejil picado

Receta integral

Por persona, unos 2 375 kJ/ 565 kcal · 30 g de proteínas 39 g de grasas · 23 g de hidratos de carbono

Tiempo de preparación: 20 min
Tiempo de cocción: 1 hora

Corte el tronco del repollo y blanquee éste durante 10 minutos. • Pele las cebollas y el diente de ajo, píquelos y mézclelos con la carne, el arroz, el huevo y las especias. • Coja 16 hojas de col y aplaste los nervios. Ponga 2 hojas de col, una sobre otra, reparta sobre ellas el relleno, enrolle las hojas sobre el relleno y átelas con un bramante. • Corte las hojas restantes en tiras. Pique el apio nabo. • Sofría los rollitos. Agregue el apio nabo, la col, el laurel, el caldo y el romero. Deje estofar los rollitos durante 50 minutos. • Mezcle la harina con la crema y el petit suisse. Sirva los rollitos con el perejil esparcido por encima.

Rollitos de lombarda rellenos de ave

A la derecha de la foto

1 cogollo de lombarda (800 g)
1 cucharadita de sal
1 cucharada de vinagre
500 g de pechuga de pollo
50 g de tocino entreverado
1 cebolla · 1 zanahoria
1 cucharada de mantequilla
1 pizca de pimienta de Jamaica, sal y otra pimienta blanca
3 cucharadas de aceite
⅛ l de vino tinto seco
⅛ l de caldo de verduras caliente
1 pizca de sal y pimienta
1-2 cucharaditas de jalea de grosellas · 1 panecillo

Elaborada

Por persona, unos 1 765 kJ/ 420 kcal · 35 g de proteínas 19 g de grasas · 20 g de hidratos de carbono

Tiempo de preparación: 30 min
Tiempo de cocción: 55 minutos

Blanquee la lombarda en el agua salada con el vinagre 15 minutos. Prepare 16 hojas para los rollos. • Pique el resto de la lombarda muy fina. Pique también finamente la carne de pollo. Ponga a remojar el panecillo en agua fría. Trocee el tocino, la cebolla y 1 zanahoria y sofríalos en la mantequilla. Mezcle las especias, el panecillo exprimido y la carne de pollo. Reparta el relleno sobre las hojas de col. Ate los rollitos con un bramante y fríalos ligeramente en el aceite. • Precaliente el horno a 200 ºC. • Vierta el vino tinto sobre los rollitos y déjelos cocer en el horno unos 40 minutos. • Mezcle el fondo de cocción con el caldo de verduras, salpiméntelo y remueva con la jalea de grosellas.

Sabrosas verduras invernales

Con las coles y los nabos hay que encontrar la combinación correcta

Berzas a la francesa

Al fondo de la foto

1 kg de berzas
2 l de agua
1 cucharadita de sal
2 cebollas
2 cucharadas de mantequilla
½ l de caldo de carne caliente
½ cucharadita de sal
1 pizca de pimienta negra y pimienta Jamaica molida
1 l de agua
400 g de castañas
2 cucharadas de mantequilla
1 cucharada de azúcar
⅛ l de crema de leche

Elaborada

Por persona, unos 2 350 kJ/
560 kcal · 20 g de proteínas
23 g de grasas · 68 g de hidratos
de carbono

Tiempo de preparación: 15 min
Tiempo de cocción: 1½ horas

Quite los troncos duros a las berzas. Blanquéelas en el agua salada hirviendo 5 minutos, después escúrralas, déjelas enfriar y píquelas. • Pele las cebollas, píquelas finas y dórelas en la mantequilla. Agregue las berzas removiendo. Vierta el caldo de carne y sazone con las especias. Cueza tapado durante 1½ horas. • Ponga a cocer el agua para las castañas. Haga un corte en forma de cruz en la parte picuda de las mismas y déjelas cocer a borbotones de 20 a 25 minutos. • Después pele las castañas. • Derrita la mantequilla, agregue el azúcar y déjelo acaramelar removiéndolo constantemente. Pase las castañas por el caramelo y manténgalas tapadas a fuego muy suave. • Mezcle las berzas cocidas con la crema, sálelas y añádales las castañas. • Acompañe con patatas hervidas con su piel.

Colinabos con chuletas de cordero

En primer plano de la foto

1½ kg de colinabos
3 cebollas
2 cucharadas de manteca
1 cucharada de azúcar
½ l de caldo de carne caliente
½ cucharadita de sal
1 pizca de pimienta blanca
1 cucharadita de mejorana seca
1 cucharada de perejil picado
4 chuletas de cordero de 100 g cada una
2 cucharadas de aceite
1 pizca de sal y pimienta blanca por chuleta

Fácil

Por persona, unos 2 835 kJ/
675 kcal · 20 g de proteínas
44 g de grasas · 49 g de hidratos
de carbono

Tiempo de preparación: 15 min
Tiempo de cocción: 45 minutos

Cepille los colinabos bajo el chorro del agua fría, pélelos, quíteles todas las partes leñosas, séquelos y trocéelos. Pele las cebollas y troceelas. • Caliente la manteca. Dore en ella la cebolla. Añádale los colinabos, espolvoree sobre ello el azúcar y remueva hasta que el azúcar se haga caramelo. Agregue el caldo de carne. Sazone con la sal, la pimienta y la mejorana triturada y deje estofar con el recipiente tapado 45 minutos. • Espolvoree los colinabos con el perejil antes de servirlos. • Lave las chuletas de cordero, séquelas y haga varios cortes en los bordes, para que no se abarquillen al freírlas. Fría las chuletas en el aceite caliente 4 minutos por lado, después salpiméntelas. • Acompañe con puré de patatas.

Cazuela de judías y ternera

Mejor con judías verdes jóvenes

500 g de patatas · 2 cebollas
600 g de pecho de ternera
2 cucharadas de aceite
¼ l de caldo de carne caliente
½ cucharadita de sal
1 pizca de pimienta blanca
3 cucharadas de tomate concentrado
2 ramitas de ajedrea
500 g de tomates
½ cucharadita de romero seco
2 cucharadas de perejil picado

Elaborada

Por persona, unos 1 930 kJ/
460 kcal · 39 g de proteínas
17 g de grasas · 38 g de hidratos
de carbono

Tiempo de preparación: 30 min
Tiempo de cocción: 45 minutos

Si es necesario, quite los hilos a las judías. Lávelas bajo el chorro de agua fría y córtela en trozos de unos 4 cm de largo. Pe-le las patatas, lávelas y trocéelas. Pele las cebollas y trocéelas. Lave la carne, séquela y córtela en dados del mismo tamaño. • Caliente el aceite en una cazuela. Dore la cebolla. Agregue los trozos de carne y, fríalos removiendo de 7 a 8 minutos. Vierta el caldo por encima. Sazone con la sal y la pimienta y agregue el tomate concentrado. Añada la ajedrea y deje cocer todo tapado unos 15 minutos. •Agregue después las judías verdes y las patatas y prosiga la cocción 20 minutos. • Entre tanto, escalde los tomates, pélelos, cuartéelos, quíteles los pedúnculos y vuelva a partirlos por la mitad. Agregue los trozos de tomate junto con el romero triturado a la cazuela y prosiga la cocción otros 10 minutos. • Retire la ajedrea y espolvoree con el perejil.

Pepinos con albóndigas de ave

Una combinación deliciosa

1 kg de pepinos
500 g de patatas · 2 cebollas
2 dientes de ajo
600 g de pechuga de gallina
1 pizca de sal y pimentón picante · 1 huevo
5 cucharadas de pan rallado
2 cucharadas de aceite de girasol
½ l de caldo de verduras caliente
½ cucharadita de sal
1 pizca de pimienta negra
2 cucharadas de ketchup
4 cucharadas de crema de leche
2 cucharadas de petit suisse
2 cucharadas de perejil picado

Receta integral • Fácil

Por persona, unos 1 955 kJ/
465 kcal · 45 g de proteínas
13 g de grasas · 42 g de hidratos
de carbono

Tiempo de preparación: 20 min
Tiempo de cocción: 30 minutos

Pele los pepinos, pártalos por la mitad a lo largo, extraiga las semillas y corte las mitades en rodajas. Pele las patatas, lávelas y córtelas en dados. Pele las cebollas y los dientes de ajo y píquelos. • Pase la carne de gallina por la picadora, condiméntela con la sal y el pimentón, amásela con el huevo y el pan rallado y déjela reposar un rato tapada. • Caliente el aceite. Dore la cebolla y el ajo picados. Agregue los trozos de pepino y sofríalos removiendo, después mézclelos con los dados de patata y el caldo de verduras. Deje cocer todo tapado unos 30 minutos. • Con el picadillo de ave forme albóndigas del tamaño de nueces y déjelas cocer en agua salada agitándose ligeramente durante 10 minutos. • Salpimente las verduras e incorpore removiendo el ketchup, la crema y el petit suisse. • Eche las albóndigas de gallina sobre las verduras y esparza el perejil por encima.

Bulbos tiernos deliciosamente acompañados

Las hierbas frescas son la esencia de estos guisos

Nabos estofados con muslos de pollo

A la derecha de la foto

1 kg de nabos	
1 ramillete de hierbas para el caldo	
¾ l de caldo de verduras	
4 muslos de pollo de 180 g cada uno	
600 g de patatas harinosas	
½ cucharadita de sal	
1 pizca de pimienta blanca	
1 pizca de pimienta de Cayena	
4 escalonias	
2 cucharadas de aceite de semillas	
2 cucharadas de pimpinela picada o perejil	

Receta integral • Económica

Por persona, unos 1 805 kJ/ 430 kcal · 44 g de proteínas 12 g de grasas · 36 g de hidratos de carbono

Tiempo de preparación: 10 min
Tiempo de cocción: 40 minutos

Pele los nabos, lávelos, séquelos y córtelos en dados no muy grandes. Prepare el apio y el perejil y píquelos. Deje cocer los nabos con el apio y el perejil en el caldo de verduras con el recipiente tapado durante 40 minutos. • Lave los muslos de pollo y séquelos. Pele las patatas, lávelas y córtelas en dados. Al cabo de 20 minutos de tiempo de cocción, mezcle los muslos de pollo y los dados de patatas con la sal, la pimienta y la pimienta de Cayena y agréguelos a los nabos. Deje cocer todo tapado otros 20 minutos. • Pele las escalonias y córtelas en rodajas. • Caliente el aceite. Dore en él las escalonias y, antes de servir, eche por encima las rodajas de escalonia con la pimpinela picada o el perejil.

Colinabos estofados con queso

A la izquierda de la foto

4 bulbos grandes de colinabo (800 g)	
500 g de patatas nuevas	
2 cucharadas de aceite	
¼ l de caldo de verduras	
1 cucharada de harina	
1 cucharadita de sal	
1 pizca de pimienta blanca y azúcar · 2 cebollas	
⅛ l de crema de leche	
100 g de queso Gouda rallado	
2 cucharadas de levístico picado	

Fácil

Por persona, unos 1 890 kJ/ 450 kcal · 16 g de proteínas 26 g de grasas · 38 g de hidratos de carbono

Tiempo de preparación: 20 min
Tiempo de cocción: 30 minutos

Pele los bulbos de colinabo, lávelos y córtelos en tiritas. Lave las hojas verdes tiernas de los colinabos, séquelas, píquelas y déjelas aparte tapadas. Pele las cebollas y píquelas. Hierva las patatas 30 minutos. • Caliente el aceite en una cacerola. Dore la cebolla. Añada las tiras de colinabo, sofríalas y vierta ⅛ l de caldo de verduras. Deje rehogar el colinabo tapado a fuego lento 15 minutos. • Deslía la harina en el resto del caldo de verduras frío y ligue con ello el fondo de cocción. Deje cocer las verduras unos minutos, dándoles la vuelta de vez en cuando. • Escurra las patatas, pélelas, córtelas en rodajas y mézclelas con el colinabo. Condimente con la sal, la pimienta y el azúcar. • Mezcle las yemas con la crema y el queso e incorpórelos removiendo a la verdura. Sirva los colinabos con el levístico y las hojas de colinabo picadas esparcidas por encima. • Acompañe con albóndigas.

Rollitos de espinacas rellenos

Espinacas servidas de forma original

400 g de champiñones
1 cucharada de mantequilla
1 pizca de sal
Unas gotas de tabasco
⅛ l de caldo de verduras
50 g de pan blanco sin corteza
1 huevo · 600 g de hojas de espinacas a ser posible grandes
1 cebolla · 1 pizca de sal
1 cucharada de mantequilla
1 pizca de nuez moscada rallada
50 g de crema de leche
1 petit suisse grande
2 cucharadas de queso parmesano rallado

Elaborada

Por persona, unos 1 175 kJ/ 280 kcal · 13 g de proteínas 17 g de grasas · 19 g de hidratos de carbono

Tiempo de preparación: 45 min
Tiempo de cocción: 15 minutos

Prepare los champiñones, lávelos, píquelos y sofríalos en la mantequilla; después sálelos y condiméntelos con el tabasco. Agregue 6 cucharadas del caldo de verduras a los champiñones y déjelos sofreír 5 minutos en la cacerola destapada. • Desmigaje el pan y mójelo con el resto del caldo de verduras. Eche las migas de pan sobre los champiñones. Agregue el huevo y reserve el relleno. • Rompa los nervios gruesos a las espinacas, lave las hojas y blanquéelas en el agua salada hirviendo 5 minutos. Ponga a escurrir las hojas de espinaca y superponga varias hojas grandes formando ocho rectángulos de 10 × 15 cm. Pique el resto de las espinacas. • Pele la cebolla, píquela y dórela en la mantequilla. Agregue las espinacas picadas, sazone con sal y nuez moscada, sofría un poco y vierta la mezcla en una fuente refractaria. • Precaliente el horno a 200 °C. • Reparta el relleno de champiñones sobre las hojas de espinacas en la fuente. Vierta por encima la crema, el petit suisse y el queso. • Ponga a gratinar los rollitos de espinacas 15 minutos. • Acompáñelos con pastelitos de patata.

Espárragos gratinados

Los espárragos frescos no se pueden disfrutar con frecuencia, aprovéchelos pues en primavera

1 kg de espárragos · 2 l de agua	
1 cucharadita de sal	
1 terrón de azúcar	
200 g de jamón dulce	
1 cucharada de mantequilla	
1 cucharada de harina · ⅛ l de leche · ½ cucharadita de sal	
1 pizca de pimienta blanca y pimentón picante	
100 g de queso Emmental rallado · 2 yemas de huevo	
Para la fuente: mantequilla	

Coste medio

Por persona, unos 1 555 kJ/ 370 kcal · 25 g de proteínas 24 g de grasas · 13 g de hidratos de carbono

Tiempo de preparación: 30 min
Tiempo de cocción: 30 minutos

Pele los espárragos de arriba a abajo y córteles los extremos leñosos. Ate los espárragos en 4 manojos. Ponga a hervir el agua con la sal y el azúcar. Sumerja los manojos de espárragos y déjelos cocer lentamente y tapados durante 10 minutos. • Corte el jamón en tiras. • Unte una fuente refractaria con mantequilla. Precaliente el horno a 200 °C. • Deje escurrir los espárragos, quíteles el bramante; póngalos en la fuente y coloque encima las tiras de jamón. • Derrita la mantequilla en un cazo. Espolveréela con la harina y dore ésta removiendo constantemente, vierta ⅛ l del líquido de cocción de los espárragos y después la leche. Sazone con la sal, la pimienta y el pimentón y deje cocer la salsa 5 minutos removiéndola sin cesar. Añádale el queso rallado. Aparte la salsa del fuego, déjela enfriar un poco, mézclela con las yemas de huevo y viértala sobre los espárragos. Ponga a gratinar la fuente en el horno 20 minutos. • Acompañe con una ensalada de tomates y cebollas.

Calabacines gratinados con costra de centeno

En este gratinado, las hierbas silvestres dan un aroma delicioso

1 cebolla · 2 dientes de ajo	
600 g de tomates rojos carnosos	
50 g de hojas de diente de león	
3 cucharadas de aceite de girasol	
1 cucharadita de sal	
1 cucharadita de romero picado	
1 cucharadita de miel	
1 pizca de pimienta de Cayena	
1 kg de calabacines pequeños	
50 g de crema de leche	
1 petit suisse grande	
200 g de centeno triturado	

Receta integral • Fácil

Por persona, unos 1 575 kJ/ 375 kcal · 13 g de proteínas 11 g de grasas · 55 g de hidratos de carbono

Tiempo de preparación: 30 min
Tiempo de cocción: 20 minutos

Pele la cebolla y los dientes de ajo y píquelos finamente. Escalde los tomates, pélelos, quíteles los pedúnculos y píquelos. Lave el diente de león, séquelo y córtelo en tiras. • Caliente 1 cucharada de aceite y dore en él la cebolla y el ajo. Agregue los tomates y condimente con sal, el romero, la miel y la pimienta de Cayena; deje cocer a fuego lento en el recipiente sin tapar durante 10 minutos y removiendo con frecuencia. Después agregue el diente de león. • Lave los calabacines, séquelos, retire los extremos y corte los frutos en dados de unos 2 cm. Sofría uniformemente los dados de calabacín en el aceite restante. • Precaliente el horno a 200 °C. • Mezcle la crema fresca con el petit suisse y el triturado. Ponga en una fuente refractaria los dados de calabacín con la preparación de tomate alternándolos. Vierta la mezcla de centeno triturado sobre las verduras. • Deje gratinar en el centro del horno durante 20 minutos.

Gratín de huevos y tomates

Ligero y digestible también como merienda

Gratín de patatas con jamón

Con ensalada mixta constituye una comida completa

| 2 rebanadas de pan de molde |
| 2 cucharadas de mantequilla |
| 500 g de champiñones |
| 2 cebollas · 4 tomates grandes |
| 1 diente de ajo grande |
| 1 cucharadita de sal |
| 1 pizca de pimienta negra |
| 2 cucharadas de perejil picado |
| 4 huevos cocidos |
| ⅛ l de crema de leche agria |
| 3 cucharadas de queso |
| Emmental recién rallado |

Económica • Rápida

Por persona, unos 1 240 kJ/
495 kcal · 17 g de proteínas
16 g de grasas · 20 g de hidratos
de carbono

Tiempo de preparación: 15 min
Tiempo de cocción: 30 minutos

Corte el pan en dados pequeños y dórelos en 1 cucharada de mantequilla hasta que estén crujientes. Después ponga los
picatostes en una fuente refractaria. • Prepare los champiñones, lávelos y córtelos en rodajas. Pele las cebollas y el diente
de ajo, píquelos y dórelos en la
mantequilla restante. Añada los
champiñones, la sal y la pimienta
y prosiga la cocción removiendo
8 minutos. • Mezcle la mitad del
perejil con los champiñones y
échelos sobre los picatostes. •
Precaliente el horno a 200 °C. • Pele los huevos, córtelos en rodajas
y colóquelos sobre los champiñones. Lave los tomates, séquelos,
córtelos en rodajas y distribúyalos
en forma de corona alrededor de
las rodajas de huevo. Bata la crema agria con el queso rallado y
viértala sobre las rodajas de
huevo. • Ponga a gratinar en el
centro del horno durante 20 minutos. • Justo antes de servir, espolvoree las rodajas de tomate
con el perejil restante. • Acompañe este plato con una ensalada
fresca y pan blanco de barra.

| 800 g de patatas harinosas |
| 300 g de jamón dulce desgrasado |
| 2 cucharadas de mantequilla |
| 1 cucharada de harina |
| ½ l de leche caliente |
| ½ cucharadita de sal |
| 1 pizca de pimienta blanca |
| 1 pizca de nuez moscada rallada |
| 2 yemas de huevo |
| 3 cucharadas de trigo recién triturado |
| 50 g de queso Emmental recién rallado · 1 cebolla grande |

Fácil

Por persona, unos 2 435 kJ/
580 kcal · 29 g de proteínas
31 g de grasas · 46 g de hidratos
de carbono

Tiempo de preparación: 10 min
Tiempo de cocción: 55 minutos

Cepille las patatas bajo el chorro de agua fría, hiérvalas 30
minutos, déjelas enfriar después,
pélelas y córtelas en dados. •
Corte el jamón también en dados
y mézclelo con las patatas. • Derrita 1 cucharada de mantequilla
en una cacerola, espolvoree con
la harina y déjela dorar removiendo. Vierta la leche poco a poco y
siga removiendo la salsa unos minutos. • Condiméntela con la sal,
la pimienta y la nuez moscada,
apártela del fuego y mézclela con
las yemas de huevo. • Mezcle los
dados de patata y de jamón con
la salsa y vierta la preparación en
una fuente refractaria. • Precaliente el horno a 220 °C. • Mezcle el
trigo triturado con el queso rallado y espárzalos sobre la mezcla
de patatas. • Ponga la fuente a
gratinar en el nivel inferior del
horno 25 minutos. • Entretanto,
pele la cebolla y córtela en anillos.
Caliente el resto de la mantequilla
y dore en ella los anillos. • Adorne el gratín con los aros de cebolla dorados y si lo desea con un
poco de perejil y tomates cortados en octavos.

Cazuela de coliflor

Exquisita en cualquier momento

1 coliflor (1 kg)
500 g de tomates
½ panecillo
500 g de carne picada, mitad de ternera y cerdo
2 cebollas pequeñas
2 huevos
½ cucharadita de pimienta
1 cucharadita de sal
100 g de queso Emmental recién rallado
4 cucharadas de mantequilla
2 cucharadas de perejil picado

Receta clásica

Por persona, unos 2 630 kJ/
625 kcal · 39 g de proteínas
35 g de grasas · 19 g de hidratos
de carbono

Tiempo de preparación: 20 min
Tiempo de cocción: 1 hora

Deje una cazuela de barro sin esmaltar sumergida en agua fría durante 20 minutos. ● Prepare la coliflor, divídala en ramitos y lávelos. Escalde los tomates, pélelos, quíteles el pedúnculo y cuartéelos. Ponga a remojar el panecillo en agua fría. Eche la carne picada en un cuenco. Pele las cebollas, píquelas y añádalas a la carne picada junto con los huevos, la pimienta y ½ cucharadita de sal. Exprima el panecillo, agréguelo a la carne picada y mezcle bien todos los ingredientes. ● Ponga los ramitos de coliflor y la mezcla de carne en capas alternas en la cazuela de barro humedecida, termine con una capa de carne picada. Ponga los trozos de tomate por encima y sálelos. Espolvoree los tomates con el parmesano rallado y esparza la mantequilla en copitos por encima. ● Tape la cazuela de barro y póngala en el horno frío. Conecte el horno a 220 ºC. Deje cocer la preparación durante 1 hora. ● Espolvoree la coliflor con el perejil antes de servirla. ● Acompañe con pan blanco de barra o puré de patatas.

Platos completos horneados

Uno muy exótico y el otro familiar

Gratín de maíz

Al fondo de la foto

Ingredientes para 6 personas:

75 g de pasas

3 cebollas grandes

2 cucharadas de aceite de girasol

800 g de carne picada, mitad ternera y cerdo

½-1 taza de caldo de carne

1 cucharadita de sal

Unas gotas de tabasco

1 kg de maíz en grano enlatado

1 pizca de sal y azúcar

50 g de mantequilla

1 cucharada de perejil picado

Elaborada

Por persona, unos 2 960 kJ/
705 kcal · 34 g de proteínas
40 g de grasas · 52 g de hidratos
de carbono

Tiempo de preparación: 30 min
Tiempo de cocción: 40 minutos

Lave las pasas con agua caliente y déjela remojar en agua templada. Pele las cebollas y píquelas finamente. • Caliente el aceite y dore las cebollas removiéndolas. Añada la carne picada y sofríala aplastándola con un tenedor, después vierta un poco de caldo de carne y condimente con la sal y el tabasco. Escurra las pasas y mézclalas con la carne picada. • Ponga la carne en una fuente refractaria. Precaliente el horno a 200 °C. • Pase el maíz por un tamiz y condiméntelo con sal y azúcar. Vierta el puré de maíz sobre la carne picada y esparza copos de mantequilla por encima. • Gratine en el horno unos 40 minutos. • Antes de servir esparza por encima el perejil picado.

Nuestra sugerencia: Puede eliminar las pasas; en su lugar condimente el gratín con más sal y tabasco, para realzar su sabor.

Gratín de puerros

En primer plano de la foto

400 g de pecho de ternera cocido · 1 kg de puerros

1 cucharadita de sal

6 cucharadas de mantequilla

2 yemas de huevo

1 cucharadita de sal · ⅛ l de leche

1 pizca de pimienta blanca

1 pizca de nuez moscada rallada

2 cucharadas de perejil picado

5 cucharadas de crema de leche agria · 500 g de patatas

5 cucharadas de pan rallado

Para la fuente: mantequilla

Elaborada

Por persona, unos 2 120 kJ/
505 kcal · 32 g de proteínas
24 g de grasas · 40 g de hidratos
de carbono

Tiempo de preparación: 20 min
Tiempo de cocción: 1 hora

Corte la carne en dados. • Corte los extremos de los puerros y las hojas verdes más oscuras. Corte los puerros a lo largo, lávelos y córtelos en trozos. Blanquee los puerros 10 minutos en agua salada y déjelos escurrir. • Pele las patatas, lávelas, trocéelas y déjelas hervir cubiertas de agua salada de 25 a 30 minutos. • Escúrralas, aplástelas y mézclelas con 2 cucharadas de mantequilla, las yemas de huevo, la sal, la pimienta, la nuez moscada y la leche; mezcle bien con la batidora. • Precaliente el horno a 200 °C. • Unte una fuente refractaria con mantequilla. Ponga en el fondo el puré de patatas y esparza por encima 2 cucharadas de mantequilla. Gratine el puré 15 minutos. • Reparta la carne, los puerros y el perejil sobre el puré de patatas. Vierta por encima la crema agria. Deje gratinar 5 minutos. • Dore el pan rallado en la mantequilla restante y espárzalo sobre el gratín.

Arroz de puerros

Se puede preparar también con muchos otros tipos de verdura

1 kg de puerros
400 g de tomates
1 cebolla grande
50 g de tocino ahumado entreverado
2 cucharadas de mantequilla
200 g de arroz
½ l de caldo de carne
½ cucharadita de sal
1 pizca de pimienta negra
1 pizca de tomillo seco
2 cucharadas de perejil picado

Económica • Fácil

Por persona, unos 1 765 kJ/
420 kcal · 11 g de proteínas
15 g de grasas · 60 g de hidratos
de carbono

Tiempo de preparación: 10 min
Tiempo de cocción: 20-25 min

Corte a los puerros las hojas verdes estropeadas y las raíces. Corte los puerros por la mitad a lo largo, lávelos bien y córtelos en rodajitas. Escalde los tomates, pélelos, cuartéelos eliminando los pedúnculos y corte los tomates en dados grandes. Pele la cebolla y píquela. Pique también el tocino. • Derrita la mantequilla en una cacerola. Dore en ella la cebolla, agregue el arroz y déjelo dorar también. Caliente el caldo de carne. Agregue las rodajitas de puerro al arroz, sofríalas un poco y añada el caldo de carne caliente. Deje cocer todo a fuego lento de 20 a 25 minutos; si es necesario, agregue un poco de agua. • Diez minutos antes de finalizar el tiempo de cocción, agregue los dados de tomate y condimente el plato con la sal, la pimienta y el tomillo triturado. Termine de cocer el arroz y antes de servirlo espolvoréelo con el perejil. Fría los dados de tocino en una sartén seca pequeña hasta que estén crujientes y mézclelos con el arroz antes de servirlo. • Si lo desea, puede espolvorear el arroz con queso parmesano rallado.

Gratín de arroz y berenjenas

En vez de carne picada puede usar queso de oveja

200 g de arroz de grano largo
2 l de agua
1 cucharadita de sal
500 g de berenjenas
1 cucharadita de sal
2 cebollas
1 diente de ajo
3 cucharadas de aceite de girasol
400 g de carne picada, mitad ternera y cerdo
1 pizca de sal, pimienta negra y pimentón dulce
½ cucharadita de albahaca seca
4 tomates
⅛ l de caldo de verduras
2 cucharadas de perejil picado

Elaborada

Por persona, unos 2 540 kJ/
605 kcal · 29 g de proteínas
28 g de grasas · 60 g de hidratos
de carbono

Tiempo de preparación: 30 min
Tiempo de cocción: 30 minutos

Deje hervir el arroz 15 minutos en el agua salada. • Lave las berenjenas, séquelas y recorte los extremos. Corte los frutos en rodajas, sálelas y déjelas reposar 15 minutos. • Pele las cebollas y el diente de ajo y píquelos finamente. • Caliente 1 cucharada de aceite en una sartén y dore la cebolla y el ajo. Añádales la carne picada, fríala bien removiendo constantemente y condiméntela con la sal, la pimienta, el pimentón y la albahaca triturada. • Escurra las rodajas de berenjena y fríalas por ambos lados en el aceite restante. • Precaliente el horno a 200 °C. • Deje escurrir el arroz. Ponga una capa de arroz en una fuente refractaria. • Coloque sobre éste la mitad de las berenjenas, encima la carne picada, la otra mitad de las berenjenas y el resto del arroz. Vierta el caldo de verduras por encima. • Hornee durante 30 minutos. • Sirva el gratín con el perejil esparcido por encima.

Cazuela de col con trigo triturado tostado

La col rizada y la común quedan deliciosas preparadas de este modo

| 1 kg de col rizada |
| 600 g de patatas |
| 1 manzana ácida grande |
| 1 cucharadita de zumo de limón |
| 1 cebolla grande |
| 2 cucharadas de aceite de girasol |
| ½ l de caldo de verduras caliente |
| ½ cucharadita de sal |
| 1 cucharadita de almíbar de jengibre de arce o miel |
| ¼ l de crema de leche agria |
| 50 g de trigo recién triturado |
| 2 cucharadas de aceite de girasol |

Receta integral • Fácil

Por persona, unos 1 850 kJ/
440 kcal · 14 g de proteínas
18 g de grasas · 55 g de hidratos
de carbono

Tiempo de preparación: 20 min
Tiempo de cocción: 30 minutos

Retire a la col las hojas estropeadas y córtela en cuartos. Corte el tronco y luego los cuartos en tiras, lávelas y déjelas escurrir. Pele las patatas, lávelas y trocéelas. Corte la manzana en cuartos, pélela, quítele el corazón, córtela en dados y rocíela con el zumo de limón. Pele la cebolla y píquela. • Caliente el aceite en una cazuela. Dore en él la cebolla picada. Añádale las tiras de col, los dados de manzana y patata, cúbralo todo con el caldo de verduras y deje rehogar con la cazuela tapada durante 30 minutos. • Condimente la verdura con la sal y el almíbar y mézclela luego con crema agria. • Dore el trigo triturado en el aceite, removiéndolo, y espárzalo sobre las verduras. • Acompañe con panecillos integrales.

Nuestra sugerencia: En vez de manzana troceada, puede emplear trozos de piña.

Coles de Bruselas gratinadas

Un exquisito plato de verduras

Pimientos gratinados

Con pimientos rojos o verdes; siempre un sabor delicioso

800 g de coles de Bruselas	
2 l de agua	
1 cucharadita de sal	
350 g de jamón dulce desgrasado	
⅛ l de caldo de carne caliente	
3 huevos	
⅛ l de leche	
1 cucharadita de sal	
1 pizca de pimienta blanca	
1 pizca de nuez moscada rallada	
100 g de queso Gouda recién rallado	

Rápida • Fácil

Por persona, unos 2 185 kJ/
520 kcal · 39 g de proteínas
33 g de grasas · 16 g de hidratos
de carbono

Tiempo de preparación: 10 min
Tiempo de cocción: 35 minutos

Prepare y limpie a fondo las coles de Bruselas. Ponga el agua a cocer con la sal. Sumerja en ella las coles y déjelas cocer a fuego lento y tapadas durante 10 minutos. Después escurra las coles en un colador. Corte el jamón en tiras. • Eche las coles con la mitad de jamón en una fuente refractaria y vierta el caldo de carne caliente por encima. • Precaliente el horno a 220 °C. • Bata los huevos con la leche, la sal la pimienta y la nuez moscada y viértalos sobre las coles. Ponga el resto de las tiras de jamón en el centro sobre las coles y esparza el queso rallado por encima. • Cubra la fuente con papel de aluminio y métala en el centro del horno. Deje hornear 15 minutos. • Quite después el papel de aluminio y prosiga la cocción otros 10 minutos. • Acompañe con pan blanco o patatas asadas.

800 g de patatas harinosas	
150 g de mortadela	
2 dientes de ajo	
1 cucharada de aceite de girasol	
2 cucharadas de perejil picado	
4 pimientos verdes (800 g)	
2 huevos · ⅛ l de leche	
½ cucharadita de sal	
1 pizca de pimienta blanca	
1 manojo de hierbas variadas	
50 g de queso parmesano rallado	
1 cucharada de aceite de girasol	

Elaborada

Por persona, unos 2 035 kJ/
485 kcal · 21 g de proteínas
25 g de grasas · 43 g de hidratos
de carbono

Tiempo de preparación: 20 min
Tiempo de cocción: 1 hora
y 10 minutos

Hierva las patatas 35 minutos; escúrralas y déjelas enfriar. • Trocee la mortadela. Pele los dientes de ajo y píquelos finamente. • Caliente el aceite y fría la mortadela con el ajo, removiendo hasta que se dore. Agregue el perejil y reserve aparte. • Cuartee los pimientos, quíteles las membranas y las semillas, lávelos, séquelos y córtelos en tiras. Pele las patatas y córtelas en rodajas. • Precaliente el horno a 220 °C. • Bata los huevos con la leche, la sal y la pimienta. • Alterne en una fuente refractaria las rodajas de patata, las tiras de pimiento y la mortadela; vierta la mezcla de leche y huevos por encima. • Cubra con papel de aluminio y cueza en el centro del horno 30 minutos. • Entre tanto, lave las hierbas, séquelas y píquelas finamente. • Pasados 30 minutos del tiempo de cocción esparza por encima de la preparación las hierbas picadas y el queso parmesano y vierta el aceite gota a gota. • Gratine sin el papel de aluminio 5 minutos.

Deliciosas cazuelas invernales

Calientan en los días helados y dan fuerzas tras los deportes de invierno

Cazuela de pollo y escorzoneras

A la izquierda de la foto

1 pollo de 1 kg
1 manojo de hierbas para el caldo · 2 clavos
2 l de agua · 1 cucharadita de sal
1 cebolla · 1 hoja de laurel
800 g de escorzoneras
4 patatas
6 cucharadas de vinagre
2 cucharadas de harina
4 cucharadas de leche
2 cucharadas de alcaparras
$\frac{1}{8}$ l de crema de leche agria
$\frac{1}{2}$ cucharadita de sal
1 pizca de pimienta blanca
1 chorrito de salsa Worcestershire
4 cucharadas de cebollino picado

Elaborada

Por persona, unos 2 710 kJ/ 645 kcal · 59 g de proteínas 10 g de grasas · 59 g de hidratos de carbono

Tiempo de preparación: 30 min
Tiempo de cocción: 1½ horas

Lave el pollo con agua fría. Lave también el manojo de hierbas y píquelo. • Ponga a hervir el agua con la sal en una cazuela y eche el pollo con el corazón, el hígado y las hierbas en el agua hirviendo. Durante los 15 primeros minutos del tiempo de cocción, retire la espuma que se forme. • Pele la cebolla y pinche la hoja de laurel con los clavos en la cebolla. Agregue la cebolla al pollo y deje cocer todo otros 30 minutos. • Cepille las escorzoneras, pélelas, vuélvalas a cepillar bajo el agua fría y échelas en agua avinagrada, después córtelas en trozos y cuézalas con el pollo durante 30 minutos, hasta que se ablanden. • Pele las patatas, lávelas, trocéelas y déjelas cocer 20 minutos con el pollo. • Saque el pollo del caldo, quítele la piel y los huesos y córtelo en trozos. • Cuele ¼ l del caldo. • Deslía la harina en la leche, mezcle con el caldo medido y deje cocer 10 minutos removiéndolo constantemente. • Caliente la carne de pollo, las patatas, las escorzoneras y las alcaparras en la salsa. Incorpore removiendo la crema agria y las especias. • Sirva esta cazuela con el cebollino esparcido por encima.

Lentejas agridulces

A la derecha de la foto

350 g de lentejas · ½ l de agua
4 escalonias · 1 zanahoria grande
400 g de patatas harinosas
2 cucharadas de mantequilla y 2 de azúcar lustre
3 salchichas Bratwurst ahumadas
½ cucharadita de sal
2 cucharadas de vinagre

Elaborada

Por persona, unos 2 940 kJ/ 700 kcal · 33 g de proteínas 30 g de grasas · 74 g de hidratos de carbono

Tiempo de preparación: 10 min
Tiempo de cocción: 1 hora

Lave las lentejas y retire las que estén estropeadas. Escurra las lentejas y déjelas hervir cubiertas con agua en una cazuela sin tapar y a fuego lento durante 30 minutos. • Pele las escalonias, la zanahoria y las patatas y trocéelas. Deje acaramelar el azúcar en la mantequilla, removiéndolo constantemente. Sofría en la mezcla los trozos de escalonia y zanahoria. Añada las lentejas con su líquido de cocción e incorpore los dados de patata y las salchichas en rodajas. Deje cocer todo 30 minutos. • Condimente las lentejas con la sal, el vinagre, y si lo desea con 1 pizca de azúcar lustre, para que queden agridulces.

Legumbres: Una tradición en los días fríos

Las judías y los guisantes son especialmente sabrosos con hierbas y abundantes ingredientes frescos

Guisantes con tocino

Al fondo de la foto

400 g de guisantes secos
2 l de agua · 2 puerros
500 g de patatas harinosas
200 g de apio nabo
½ cucharadita de ajedrea y ½ de tomillo seco
1 pizca de pimienta blanca
½-1 cucharadita de sal
100 g de tocino ahumado entreverado · 2 cebollas

Fácil • Elaborada

Por persona, unos 2 690 kJ/ 640 kcal · 30 g de proteínas 18 g de grasas · 89 g de hidratos de carbono

Tiempo de remojo: 12 horas
Tiempo de preparación: 15 min
Tiempo de cocción: 2 horas

Lave los guisantes, elimine los que están estropeados y déjelos remojar cubiertos con agua durante 12 horas. • Después, ponga a cocer suavemente los guisantes en el mismo agua del remojo y tapados durante 2 horas. • Pele las patatas, lávelas y córtelas en dados. Corte los puerros por la mitad a lo largo, lávelos, quíteles las hojas verdes oscuras y corte la parte blanca en rodajitas. Pele el apio nabo, lávelo y trocéelo. Añada las patatas, los puerros, el apio, la ajedrea, el tomillo, la pimienta y la sal a los guisantes al cabo de 1½ horas y prosiga la cocción otros 30 minutos. • Entre tanto, pele las cebollas y córtelas en anillos. Corte el tocino en lonchas. • Fría las lonchas de tocino en una sartén. Dore los anillos de cebolla removiéndolos en la grasa del tocino. Sirva los guisantes adornados con los aros de cebolla, el tocino y hojitas de apio picadas.

Judías guisadas con picatostes de ajo

En primer plano de la foto

350 g de judías blancas
1½ l de agua
2 cebollas grandes (400 g)
3 dientes de ajo
2 zanahorias grandes
2 cucharadas de aceite de oliva
1 cucharadita de sal
1 pizca de pimienta blanca
1 pizca de mejorana seca
2 rebanadas de pan de molde
2 cucharadas de margarina
1 cucharada de tomillo y perejil picado · 2 tallos de apio

Elaborada • Receta integral

Por persona, unos 2 015 kJ/ 480 kcal · 23 g de proteínas 11 g de grasas · 72 g de hidratos de carbono

Tiempo de remojo: 12 horas
Tiempo de preparación: 10 min
Tiempo de cocción: 2 horas

Lave las judías, elimine las que estén estropeadas y déjelas remojar 12 horas. • Póngalas después a cocer en el mismo agua del remojo 1½ horas a fuego lento y tapadas. • Pele las cebollas y 2 dientes de ajo y píquelos. Corte el apio en rodajitas. Raspe las zanahorias, lávelas y córtelas en dados. • Sofría la verdura en el aceite 5 minutos y agréguela después a las judías. • Condiméntelas con la sal, la pimienta y la mejorana y déjelas cocer tapadas 30 minutos. • Pique el diente de ajo restante y macháquelo. Corte las rebanadas de pan en cuadraditos. • Mezcle la margarina con el ajo machacado, el tomillo y el perejil. Unte con ello los trozos de pan. • Precaliente el horno a 220 °C. • Gratine los picatostes y agréguelos a las judías antes de servirlas.

Ensaladas y exquisitas guarniciones

Esta selección contempla los productos estacionales y también tiene en cuenta las verduras que llegan a nuestros mercados de lejanas procedencias

Ensalada mixta

Un acompañamiento refrescante o cena ligera

400 g de apio nabo
250 g de coliflor
4 tomates pequeños
300 g de pepinos
4 zanahorias pequeñas
1 pimiento rojo
1 cebolla
100 g de hierba de los canónigos y endibia roja de Verona
12 aceitunas rellenas
1 pizca de pimienta negra molida
4 cucharadas de aceite de oliva
3 cucharadas de vinagre de vino
½ cucharadita de sal
1 cucharada de hierbas variadas recién picadas
1 yogur desnatado
1 huevo duro

Receta integral

Por persona, unos 1 115 kJ/
265 kcal · 9 g de proteínas
15 g de grasas · 24 g de hidratos
de carbono

Tiempo de preparación: 20 min
Tiempo de cocción: 20 minutos

Lave el apio nabo y cuézalo tapado en agua salada durante 20 minutos. • Divida la coliflor en ramitos y cuézalos 10 minutos en agua salada. • Lave los tomates, séquelos y cuartéelos. Lave el pepino y córtelo en rodajas. Raspe las zanahorias, lávelas y rállelas. Corte el pimiento por la mitad, quítele las membranas y las semillas y corte las mitades en tiras. Pele la cebolla y córtela en anillos. Limpie la hierba de los canónigos y la endibia roja, lávelos, déjelos escurrir y deshoje la endibia roja. Parta las aceitunas por la mitad. Pele el apio nabo cocido y córtelo en rodajas con un cuchillo acanalado. Deje escurrir los ramitos de coliflor. • Presente todos los ingredientes de la ensalada por porciones en una fuente y espolvoréela con pimienta. Reparta por encima las aceitunas. • Bata el aceite con el vinagre, la sal, las hierbas y el yogur. Vierta esta salsa gota a gota sobre la ensalada. • Pele el huevo, córtelo en octavos y adorne con ellos la ensalada.

Ensalada de hierbas silvestres con picatostes

Para recolectores y aficionados de la alimentación natural

Ensalada de espinacas con naranja

Sabrosa entrada o guarnición

200 g de hierbas silvestres variadas como diente de león, hierba de los canónigos, acedera, ortiga y llantén
1 cogollo de lechuga (150 g)
1 manzana pequeña
1 cucharadita de miel
1 cucharadita de zumo de limón
3 cucharadas de aceite de nueces
1 cucharada de vinagre de sidra
1 cucharada de zumo de manzana
1 pizca de sal
2 cucharadas de cebollino picado
2 rebanadas de pan de molde
1 diente de ajo
2 cucharadas de margarina

Receta integral • Rápida

Por persona, unos 670 kJ/ 160 kcal · 3 g de proteínas 8 g de grasas · 19 g de hidratos de carbono

Tiempo de preparación: 40 min

Lave bien las hierbas silvestres, córteles los tallos largos y déjelas escurrir. Arranque las hojas de la lechuga, lávelas bien y déjelas escurrir. Trocee las hojas grandes. Corte las hierbas escurridas y mézclelas con la lechuga en una ensaladera. • Cuartee la manzana, pélela, quítela el corazón y córtela en juliana. Mezcle la manzana con la miel, el zumo de limón, el aceite, el vinagre, el zumo de manzana y la sal. Vierta la salsa con el cebollino sobre la ensalada. • Corte el pan en dados. Pele el diente de ajo, trocéelo y macháquelo. Mezcle la margarina con el ajo machacado, déjela derretir en una sartén y dore en ella los dados de pan. • Reparta los picatostes sobre la ensalada.

400 g de hojas de espinacas
2 naranjas
1 manzana
1 cucharada de aceite de nueces
1 pizca de sal
½ cucharadita de miel
1 yogur desnatado
4 cucharadas de aguaturma rallada

Receta integral • Fácil

Por persona, unos 545 kJ/ 130 kcal · 5 g de proteínas 4 g de grasas · 19 g de hidratos de carbono

Tiempo de preparación: 20 min

Limpie las hojas de espinacas, lávelas bien y séquelas; quíteles los tallos largos y corte las hojas grandes por la mitad. Pele 1 naranja y córtela en filetes, eliminando las pepitas. Pele la segunda naranja muy fina, coja un trozo y córtelo en juliana. Exprima el zumo. Pele la manzana, cuartéela, quítele el corazón y corte los cuartos en rodajitas. • Bata el zumo de naranja, el aceite, la sal, la miel y el yogur y mezcle este aliño con los ingredientes de la ensalada. Adorne la ensalada con la aguaturma rallada y las tiras de corteza de naranja.

Nuestra sugerencia: Si no encuentra aguaturma en el mercado, puede incorporar a la ensalada también coco rallado. El fileteado de la naranja se hace como sigue: se pela la naranja y se divide en gajos. Después se raja con un cuchillo afilado la piel en el centro de los gajos y se quita cada uno de los segmentos de la pulpa del fruto.

Ensalada de espárragos

Recomendable sólo con espárragos frescos

500 g de espárragos
3 l de agua
½ cucharadita de sal
½ cucharadita de azúcar
3 tomates
3 huevos duros
4 cucharadas de aceite de semillas
2 cucharadas de vinagre de sidra
½ cucharadita de sal
1 pizca de pimienta blanca
2 cucharadas de perejil picado

Elaborada

Por persona, unos 860 kJ/
205 kcal · 9 g de proteínas
15 g de grasas · 8 g de hidratos
de carbono

Tiempo de preparación: 10 min
Tiempo de cocción: 20-30 min
Tiempo de reposo: 20 minutos

Pele finamente los espárragos de arriba a abajo, córteles los extremos leñosos y ate los espá-rragos en 2 manojos con un bra-mante. Ponga a hervir el agua con la sal y el azúcar. Eche los manojos de espárragos en ella y déjelos cocer tapados y a fuego lento de 20 a 30 minutos, depen-diendo de su grosor. • Escalde los tomates, quíteles la piel, quíte-les los pedúnculos y cuartéelos. Corte los cuartos de tomate en trocitos pequeños. • Saque los espárragos del agua, póngalos bajo el chorro de agua fría y déjelos escurrir sobre un lienzo. Quite el bramante y corte los es-párragos en trozos de unos 5 cm de largo. Pele los huevos y corte-los en octavos. Ponga los trozos de espárrago, huevo y tomate en una fuente. • Mezcle el aceite con el vinagre, la sal y la pimienta y viértalo gota a gota sobre la ensalada. • Deje reposar ésta ta-pada durante 20 minutos en el frigorífico. • Esparza el perejil pi-cado por encima, un poco antes de servirla.

Ensalada nizarda

Una de las muchas variantes posibles

1 cogollo de lechuga pequeño
500 g de tomates
1 cebolla grande
200 g de atún enlatado
12 aceitunas negras
3 cucharadas de aceite de oliva
1½ cucharadas de vinagre de vino
½ cucharadita de sal
1 pizca de pimienta blanca
1 cucharada de albahaca fresca picada
2 huevos duros

Receta clásica

Por persona, unos 1 240 kJ/
295 kcal · 18 g de proteínas
22 g de grasas · 6 g de hidratos
de carbono

Tiempo de preparación: 20 min

Quite las hojas estropeadas de la lechuga. Deshoje la lechu-ga, quítele los nervios grandes a las hojas, lávelas, séquelas bien y córtelas en trocitos. • Lave los to-mates, séquelos y córtelos en octa-vos, quitándoles los pedúncu-los. Pele la cebolla y córtela en anillos finos. Corte el atún en tro-zos de unos 3 cm y deje escurrir el aceite. Mezcle con cuidado los trozos de tomate, los anillos de cebolla, el atún, las hojas de le-chuga y las aceitunas. • Bata el aceite de oliva con el vinagre, la sal y la pimienta y viértalo gota a gota sobre la ensalada. • Esparza la albahaca picada por encima. Pele los huevos y córtelos en oc-tavos. Adorne la ensalada con los trozos de huevo.

Nuestra sugerencia: Para la ensa-lada nizarda existe un montón de recetas, que se diferencian en pe-queños matices. En vez de al-bahaca fresca, la ensalada al estilo de Niza se puede condimentar también con hierbas provenzales secas.

Diferentes ensaladas de judías y habas

Cuanto más tiernas, más deliciosa será la ensalada

Ensalada de judías amarillas

Al fondo de la foto

500 g de judías amarillas
2 ramitas de ajedrea de jardín
100 g de guisantes
2 yemas de huevo
2 cucharadas de vinagre de sidra
2 cucharaditas de mostaza suave
1 pizca de pimienta blanca
1 cucharadita de zumo de manzana, 4 de aceite de semillas y 1½ de sal

Receta integral • Rápida

Por persona, unos 735 kJ/
175 kcal · 5 g de proteínas
12 g de grasas · 11 g de hidratos
de carbono

Tiempo de preparación: 10 min
Tiempo de cocción: 15 minutos

Lave las judías y póngalas a hervir cubiertas de agua con la sal y la ajedrea 15 minutos. • Cueza aparte los guisantes en poca agua salada de 5 a 10 minutos y déjelos escurrir. • Para la salsa, bata las yemas de huevo con el vinagre, la mostaza, la sal, la pimienta, el zumo de manzana y el aceite. • Cuele las judías, déjelas escurrir y mézclelas todavía templadas con los guisantes. Vierta la salsa por encima.

Ensalada de judías con maíz

A la izquierda de la foto

500 g de judías verdes
2 ramitas de ajedrea
1 cucharadita de sal · 2 cebollas
100 g de maíz en grano enlatado
2 cucharadas de vinagre de Jerez
½ cucharadita de sal
4 cucharadas de aceite de oliva
2 cucharadas de eneldo picado

Rápida • Fácil

Por persona, unos 905 kJ/
215 kcal · 7 g de proteínas
14 g de grasas · 15 g de hidratos
de carbono

Tiempo de preparación: 10 min
Tiempo de cocción: 10 minutos

Lave las judías y póngalas a hervir cubiertas de agua con la ajedrea y la sal 10 minutos, cuélelas y déjelas enfriar. • Lave las cebollas y córtelas en rodajitas. Pele los huevos y córtelos en octavos. Escurra los granos de maíz. • Bata el vinagre con la sal y el aceite. Mezcle la salsa con las cebollas, los granos de maíz y las judías. • Ponga los huevos sobre la ensalada y esparza por encima el eneldo.

Ensalada de habas

A la derecha de la foto

1 kg de habas
1 cucharadita de sal
2 ramitas de ajedrea
2 cucharadas de vinagre de sidra
½ cucharadita de sal
1 pizca de pimienta blanca
5 cucharadas de aceite de nueces · 2 dientes de ajo
5 hojitas de menta fresca

Económica • Receta integral

Por persona, unos 1 195 kJ/
285 kcal · 128 g de proteínas
13 g de grasas · 30 g de hidratos
de carbono

Tiempo de preparación: 10 min
Tiempo de cocción: 25 minutos
Tiempo de reposo: 1 hora

Ponga a hervir las habas la ajedrea 25 minutos. • Escúrralas y déjelas enfriar. Pele los dientes de ajo y píquelos. • Bata el vinagre con la sal, el ajo, la pimienta y el aceite y mézclelo con la ensalada, junto con las hojitas de menta cortadas en tiritas.

Ensalada de pepinos con salsa de yogur

Una ensalada que alegra toda cura de adelgazamiento

1 pepino grande (1 kg)
1 yogur desnatado
½ cucharadita de sal
1 pizca de pimienta blanca
1 cucharada de zumo de limón
2 cucharaditas de miel
1 manojo de berros

Receta integral • Rápida

Por persona, unos 355 kJ/
85 kcal · 3 g de proteínas
4 g de grasas · 9 g de hidratos
de carbono

Tiempo de preparación: 10 min

Lave el pepino, séquelo, córtelo por la mitad a lo largo y luego las mitades en rodajas de aproximadamente ½ cm de grosor. • Bata el yogur con la sal, la pimienta, el zumo de limón y mezcle con las rodajas de pepino. • Corte los berros, con unas tijeras, póngalos bajo el chorro de agua fría, déjelos escurrir bien y repártalos sobre la ensalada.

Nuestra sugerencia: El sabor de la ensalada de pepinos se puede cambiar, mezclando con la salsa de yogur, en vez de miel, 1 trocito de jengibre confitado picado y 1 cucharadita de almíbar de jengibre. Entonces, en vez de condimentarla con berros, utilice puntas de eneldo. Si no le gusta demasiado lo agridulce, puede condimentar la salsa de yogur con sal, pimienta, pimentón y un poco de romero picado fino. Por último, esparza sobre la ensalada borraja recién picada. La ensalada será más rica y cremosa si utiliza para la salsa crema de leche en lugar de yogur desnatado.

Ensalada de pimientos con queso de oveja

Colorida, sabrosa y rica en vitaminas

1 pimiento amarillo, verde y rojo
1 cebolla grande
100 g de queso de oveja fresco
1 diente de ajo grande
½ cucharadita de mostaza
1 pizca de sal, pimienta blanca y azúcar
1 cucharada de vinagre de sidra
3 cucharadas de aceite de oliva
2 cucharadas de perejil picado

Receta integral • Rápida

Por persona, unos 965 kJ/
230 kcal · 9 g de proteínas
16 g de grasas · 13 g de hidratos
de carbono

Tiempo de preparación: 10 min

Corte los pimientos por la mitad y quíteles las membranas y las semillas, lave las mitades, séquelas y córtelas en tiras. Pele la cebolla y píquela. Corte el queso de oveja en dados pequeños. • Pele el diente de ajo, píquelo fino y mézclelo con la mostaza, la sal, la pimienta, el azúcar, el vinagre y el aceite. • Añada la salsa junto con los dados de cebolla y de queso a las tiras de pimiento. • Esparza el perejil picado sobre la ensalada.

Nuestra sugerencia: Puede modificar el sabor de la ensalada de pimientos utilizando en vez de pimiento rojo, 2 tomates medianos pelados, cortados en trozos y mezclados con las tiras de pimiento. En vez de queso de oveja, puede mezclar con la ensalada 200 g de carne de ave cocida y troceada.

Ensaladas de tomate con hierbas frescas

Excelentes con tomates de huerta madurados al sol

Ensalada de tomates con corazones de alcachofa

En primer plano de la foto

6 corazones de alcachofa recién cocidos · 4 tomates

2 cebollas tiernas

1 cucharadita de sal

1 pizca de pimienta blanca

2 cucharadas de vinagre de estragón

4 cucharadas de aceite de oliva

Coste medio • Rápida

Por persona, unos 525 kJ/ 125 kcal · 2 g de proteínas 11 g de grasas · 6 g de hidratos de carbono

Tiempo de preparación: 15 min

Escalde y corte los tomates quitándoles los pedúnculos. Escurra y corte los corazones de alcachofa. Ponga ambos en una fuente. Limpie y rebane las cebollas • Mézclelo toto y vierta la salsa con la cebolla sobre la ensalada.

Ensalada de tomates con albahaca

Al fondo de la foto

2 escalonias · 6 tomates

3 cucharaditas de albahaca

1 cucharada de vinagre de albahaca · 1 cucharadita de sal

1 pizca de pimienta negra

4 cucharadas de aceite de oliva

Receta integral • Rápida

Por persona, unos 565 kJ/ 135 kcal · 2 g de proteínas 11 g de grasas · 7 g de hidratos de carbono

Tiempo de preparación: 10 min

Corte los tomates y sálelos. Pele las escalonias, píquelas y espárzalas con la albahaca sobre los tomates. • Mezcle el vinagre con la pimienta y el aceite.

Ensaladas de patatas muy especiales

Si le gustan los sabores fuertes, debería probar estas ensaladas

Ensalada de patatas con arenques

A la izquierda de la foto

| 800 g de patatas nuevas |
| 200 g de filetes de arenque a la crema enlatados |
| 4 pepinillos |
| 2 escalonias |
| 1 cucharada de vinagre de sidra |
| 1 cucharadita de zumo de limón |
| ½ cucharadita de sal |
| ½ cucharadita de zumo de manzana concentrado |
| 1 cucharada de aceite de nueces |
| 2 huevos duros |

Receta integral • Fácil

Por persona, unos 1 325 kJ/ 315 kcal · 14 g de proteínas 13 g de grasas · 35 g de hidratos de carbono

Tiempo de preparación: 20 min
Tiempo de cocción: 12-15 min

Cepille las patatas bajo el chorro de agua fría y póngalas a cocer con su piel de 12 a 15 minutos, dependiendo del tamaño. • Escurra las patatas, déjelas enfriar, pélelas y córtelas en rodajas. • Corte los arenques a la crema en tiras de unos 2 cm de ancho y los pepinillos en dados pequeños. Pele las escalonias y trocéelas. Mezcle las patatas con los trozos de pepinillo, escalonia y las tiras de arenque con su salsa. • Bata el vinagre con el zumo de limón, la sal, el zumo de manzana y el aceite. Mezcle la salsa con la ensalada. • Pele los huevos, córtelos en octavos y adorne con ellos la ensalada.

Ensalada de patatas con pepinos

A la derecha de la foto

| 600 g de patatas firmes |
| ½ pepino (400 g) |
| 1 manzana |
| 1 cebolla grande |
| 1 cucharadita de sal |
| 2 cucharadas de zumo de limón |
| 3 cucharaditas de miel |
| 3 cucharadas de crema de leche espesa |
| 2 cucharadas de petit suisse |
| 3 cucharadas de cebollino picado |

Receta integral • Elaborada

Por persona, unos 860 kJ/ 205 kcal · 5 g de proteínas 5 g de grasas · 35 g de hidratos de carbono

Tiempo de preparación: 20 min
Tiempo de cocción: 25-30 min

Cepille las patatas bajo el chorro de agua fría y póngalas a hervir con su piel de 25 a 30 minutos, dependiendo de su tamaño. • Después escúrralas, déjelas enfriar, pélelas y córtelas en rodajas. Lave el pepino, séquelo y córtelo en rodajas finas. Corte la manzana en octavos, pélela, quítele el corazón y corte los trozos en rodajitas. Pele la cebolla y trocéela. • Mezcle todos los ingredientes de la ensalada con la sal, el zumo de limón, la miel y la crema de leche. • Sirva la ensalada con el cebollino esparcido por encima.

Nuestra sugerencia: A una ensalada de patatas con un toque ligeramente agridulce no le pega mucho el fuerte sabor de la cebolla. No obstante, si pasa la cebolla picada por un tamiz bajo el chorro de agua fría quedará más suave y digestible.

Ensaladas para la estación fría

Guarniciones variadas para los meses invernales

Ensalada de endibias

A la izquierda de la foto

4 endibias medianas
1 naranja · 2 huevos duros
6 cucharadas de yogur
desnatado · 1 manojo de berros
1 cucharada de crema de leche
1 cucharada de petit suisse
1 pizca de sal y pimentón dulce

Rápida • Fácil

Por persona, unos 460 kJ/
110 kcal · 8 g de proteínas
5 g de grasas · 9 g de hidratos
de carbono

Tiempo de preparación: 15 min

Quite las hojas estropeadas de las endibias, lave los cogollos, séquelos y córtelos en tiras. Pele la naranja y córtela en rodajas tras retirar las pepitas. Pele los huevos y córtelos en dados. • Bata el yogur con la crema, el petit suisse, la sal y el pimentón y aliñe con ello los dados de huevo, la naranja y las endibias. • Antes de servir esparza por encima las hojitas de berros picadas.

Ensalada de coliflor

En primer plano de la foto

¼ l de leche y ¼ l de agua
3 cucharadas de vinagre de sidra
½ cucharadita de sal de hierbas
1 pizca de pimienta blanca
1 cucharadita de miel
½ cucharadita de mostaza suave
4 cucharadas de aceite de
semillas · 1 coliflor pequeña
1 cucharada de hojitas de apio
picadas
2 cucharadas de perejil picado

Receta integral • Fácil

Por persona, unos 800 kJ/
190 kcal · 7 g de proteínas
13 g de grasas · 12 g de hidratos
de carbono

Tiempo de preparación: 20 min
Tiempo de cocción: 12 minutos

Quite las hojas verdes exteriores de la coliflor, lávela, divídala después en ramitos y recorte un poco los troncos. Ponga a hervir la leche con el agua. Agregue la coliflor y cuézala unos 12 minutos, escúrrala después y déjela enfriar. • Mezcle el vinagre de sidra con la sal de hierbas, la pimienta, la miel y la mostaza. Añádale el aceite y mezcle la salsa con la coliflor. Deje reposar la ensalada tapada 30 minutos. • Sirva la ensalada de coliflor con las hojitas de apio y el perejil picado esparcidos por encima.

Ensalada de apio

A la derecha de la foto

500 g de apio
1 manzana roja grande
1 cucharada de zumo de limón
1 cucharadita de mostaza suave
½ cucharadita de sal
½ cucharadita de almíbar de
jengibre
⅛ l de crema de leche espesa

Receta integral • Rápida

Por persona, unos 630 kJ/
150 kcal · 2 g de proteínas
10 g de grasas · 13 g de hidratos
de carbono

Tiempo de preparación: 15 min

Corte los tallos de apio. Corte la manzana en octavos, quítele el corazón y córtela luego en rodajas. • Mezcle el zumo de limón con la mostaza, la sal y el almíbar y vierta sobre el apio y las rodajas de manzana removiendo. Bata la crema hasta que esté espesa y póngala sobre la ensalada. • Esparza el apio por encima.

Ensalada de zanahorias y manzanas

Con pan integral, una cena muy digestiva

600 g de zanahorias
2 manzanas grandes
50 g de nueces peladas
1 yogur desnatado
2 cucharadas de zumo de limón
2 cucharaditas de zumo de manzana concentrado
1 pizca de sal

Receta integral • Económica

Por persona, unos 985 kJ/ 235 kcal · 5 g de proteínas 10 g de grasas · 33 g de hidratos de carbono

Tiempo de preparación: 30 min
Tiempo de reposo: 30 minutos

Pele las zanahorias, lávelas y rállelas. Cuartee las manzanas, quíteles el corazón, pélelas y rállelas también gruesas. Mezcle con cuidado en una ensaladera las zanahorias y las manzanas. Pique las nueces. Guarde 2 mitades para adornar. • Bata el yogur con el zumo de limón, el zumo de manzana y la sal y échelo junto con las nueces picadas sobre la ensalada. Déjela reposar tapada 30 minutos en el frigorífico. • Sírvala adornada con las mitades de nueces.

Nuestra sugerencia: Esta ensalada cruda quedará realzada si utiliza en vez de yogur crema de leche para la salsa. Una 2 tallos de apio picados mezclados con la ensalada de zanahorias y manzanas, resultará una buena variante.

Ensalada de zanahorias y puerros

Pobre en calorías, pero rica en vitaminas

300 g de puerros
400 g de zanahorias
1 manzana ácida grande
1 manojo de berros
1 cucharada de zumo de limón
2 cucharadas de hierbas frescas picadas como perejil, pimpinela, cebollino y toronjil
1/8 l de crema de leche agria
1 pizca de sal
1/2 cucharadita de zumo concentrado de pera

Receta integral • Rápida

Por persona, unos 545 kJ/ 130 kcal · 4 g de proteínas 4 g de grasas · 19 g de hidratos de carbono

Tiempo de preparación: 20 min

Corte las partes verdes oscuras de los puerros y las raíces. Corte los puerros por la mitad a lo largo, lávelos bien, séquelos y córtelos en rodajitas finas. Raspe las zanahorias, lávelas y córtelas en juliana fina. Pele la manzana, cuartéela, quítele el corazón y rállela. Corte los berros con unas tijeras de cocina, lávelos en un colador bajo el chorro de agua fría y déjelos escurrir bien. • Ponga las rodajitas de puerro, la juliana zanahoria y la manzana rallada en una fuente y deje caer el zumo de limón gota a gota por encima. • Mezcle las hierbas con la crema agria, la sal y el zumo de pera y vierta esta salsa sobre la ensalada. • Adórnela con hojas de berros.

Nuestra sugerencia: Si desea servir la ensalada como una cena ligera, puede mezclar con la verdura carne de ave cocida cortada en tiras. Puede sustituir los berros por 1 manojo de hierba de los canónigos.

Ensalada de aguacates

Rica en vitaminas, muy sabrosa y digestiva

2 aguacates
1 pimiento rojo
1 tallo de apio
½ cebolla
4 pepinillos
100 g de requesón desnatado
1 yema de huevo
2 cucharadas de aceite de semillas
1 cucharada de mostaza
1 chispa de salsa Worcester
1 cucharadita de sal
1 pizca de pimienta blanca
2 cucharadas de alcaparras pequeñas

Rápida • Fácil

Por persona, unos 1 220 kJ/ 290 kcal · 7 g de proteínas 25 g de grasas · 9 g de hidratos de carbono

Tiempo de preparación: 10 min

Cuartee los aguacates. Saque los huesos, pele los cuartos y córtelos en rodajitas. Corte el pimiento por la mitad, quítele las membranas y semillas y lave las mitades, séquelas y córtelas en dados. Lave el apio y córtelo en rodajitas. Pele la cebolla y píquela. Trocee también los pepinillos. • Mezcle el requesón con la yema de huevo, el aceite, el zumo de limón, la mostaza, la salsa Worcester, la sal, la pimienta y las alcaparras. • Aliñe las rodajitas de aguacate, y el pimiento, el apio, la cebolla y el pepinillo con la salsa.

Nuestra sugerencia: Si tiene pensado poner aguacates para una comida, cómprelos con tiempo antes de prepararlos. El sabor fino típico de los aguacates sólo lo tienen los frutos totalmente maduros, que cederán un poco a la presión de un dedo. Los aguacates aún duros maduran a temperatura ambiente en 2 ó 3 días.

Ensalada de remolachas

Utilice sólo remolacha roja sin cocer

| 600 g de remolachas pequeñas |
| 2 manzanas grandes |
| 2 cebollas pequeñas |
| 2 cucharadas de zumo de limón |
| 1 cucharada de melaza de remolacha |
| 1 pizca de sal, pimienta blanca y comino molido |
| 2 cucharadas de aceite de nueces |

Receta integral • Rápida

Por persona, unos 800 kJ/
190 kcal · 3 g de proteínas
6 g de grasas · 31 g de hidratos
de carbono

Tiempo de preparación: 20 min

Cepille bien las remolachas bajo el chorro de agua templada, pélelas y córtelas en rodajas. Corte después éstas en tiritas. Ponga las tiritas de remolacha en una ensaladera. Pele las manzanas, córtelas en octavos, quíte- les el corazón y corte los octavos en rodajitas. Pele las cebollas y píquelas finamente. • Mezcle el zumo de limón con la melaza, la sal, la pimienta y el comino y aliñe con ello las rodajitas de manzana y las tiritas de remolacha. • Por último vierta el aceite de nueces gota a gota sobre la ensalada.

Nuestra sugerencia: Si quiere que la ensalada tenga un sabor más fuerte, añádale 100 g de apio nabo rallado y condimente la salsa con 1 ó 2 cucharaditas de raiforte recién rallado.

Ensalada de apio y piña

Apropiada también como entrada

| 500 g de apio nabo |
| 2 cucharadas de zumo de limón |
| 1 manzana ácida grande |
| 2 rodajas de piña fresca (200 g) |
| 1 pizca generosa de sal y pimienta blanca |
| 2 cucharaditas de miel |
| 1/8 l de crema de leche |
| 50 g de nueces peladas |

Receta integral • Rápida

Por persona, unos 1 260 kJ/
300 kcal · 5 g de proteínas
19 g de grasas · 28 g de hidratos
de carbono

Tiempo de preparación: 20 min

Pele el bulbo de apio, lávelo, córtelo en rodajas y luego és- tas en tiras finas. Sazone inmedia- tamente las tiras de apio con el zumo de limón gota a gota. Pele la manzana, cuartéela, quítele el corazón y córtela en tiras tan finas como cerillas. Pele las rodajas de piña y córtelas en trocitos muy fi- nos. Mezcle la piña con el apio. • Bata a fondo la sal, la pimienta, el jarabe de arce y la crema y aliñe con ello la ensalada. • Pique las nueces muy finas y espárzalas so- bre la ensalada.

Nuestra sugerencia: Si la ensalada es demasiado dulce para usted, puede agregarle un poco de zu- mo de limón. Si tuviera que com- prar una piña natural especial- mente para la ensalada y ello su- pone un gasto demasiado grande, prepare la ensalada con 200 a 300 g de uvas blancas cortadas por la mitad y sin pepitas. La miel se sustituye entonces por jalea de grosellas.

Ensalada cruda de champiñones

Los champiñones de cultivo saben mejor crudos

Ensalada de colinabo

La mejor forma de disfrutar del colinabo

400 g de champiñones
200 g de gambas hervidas
1 cucharada de vinagre de vino
1 cucharada de zumo de limón
3 cucharadas de aceite de nueces
1 pizca de sal y azúcar
1 pizca de pimienta blanca
2 cucharadas de Jerez
1 cucharada de perejil picado
1 cucharada de cebollino picado

Coste medio

Por persona, unos 610 kJ/
145 kcal · 11 g de proteínas
11 g de grasas · 4 g de hidratos
de carbono

Tiempo de preparación: 15 min
Tiempo de reposo: 30 minutos

Prepare los champiñones, lávelos, déjelos escurrir bien y córtelos en rodajas. Pele clas gambas y mézclelas con los champiñones en una fuente. ● Bata el vinagre con el zumo de limón, el aceite, la sal, el azúcar, la pimienta y el Jerez y aliñe con ello la ensalada. ● Deje reposar la ensalada de champiñones tapada 30 minutos en el frigorífico. ● Esparza las hierbas sobre la ensalada antes de servirla.

Nuestra sugerencia: En vez de gambas, puede preparar la ensalada también con jamón ahumado cortado en dados pequeños. Si desea la salsa más suave, sustituya el vinagre por zumo de piña o manzana.

2 bulbos grandes de colinabo (700 g)
2 cucharadas de zumo de limón
1 tallo de apio
1 manzana ácida grande
1 yogur desnatado
1 pizca de sal y pimienta blanca
2 cucharaditas de melaza de caña de azúcar
1 cucharada de pimpinela picada

Receta integral ● Económica

Por persona, unos 485 kJ/
115 kcal · 6 g de proteínas
0,5 g de grasas · 23 g de
hidratos de carbono

Tiempo de preparación: 10 min

Pele los bulbos de colinabo, lávelos y séquelos. Lave las hojas verdes, píquelas finamente y guárdelas tapadas. Ralle el colinabo y mézclelo con el zumo de limón. Corte al apio la raíz, lave bien las hojas, píquelas y guárdelas junto con las de colinabo. Quite los nervios gruesos al tallo de apio, lávelo, séquelo y córtelo en rodajitas finas. Pele la manzana, córtela en octavos, quítele el corazón y corte los trozos en rodajitas. Mezcle las rodajitas de apio y manzana con el colinabo rallado. ● Bata el yogur con la sal, la pimienta y la melaza y vierta sobre la ensalada removiéndola bien. Esparza por encima las hojitas y la pimpinela picadas.

Nuestra sugerencia: En lugar del apio y la manzana puede agregar a la ensalada de colinabo 1 pepino. En ese caso corte el colinabo y el pepino en juliana fina y, en vez de condimentar la ensalada con pimpinela, échele abundante cebollino picado.

Variantes con col china

Su delicado aroma permite todo tipo de combinaciones

Ensalada de col china y rábano

A la izquierda de la foto

600 g de col china · 1 rábano
1 pimiento rojo · 1 cebolla
4 cucharadas de zumo de pomelo · 1 pizca de sal
3 cucharadas de aceite de cardo
1 cucharadita de mostaza suave
1 pizca de sal
½ cucharadita de miel
2 cucharadas de cebollino picado

Receta integral • Rápida

Por persona, unos 525 kJ/ 125 kcal · 3 g de proteínas 8 g de grasas · 10 g de hidratos de carbono

Tiempo de preparación: 15 min

Quite a la col china las hojas exteriores estropeadas, lávela y corte las hojas en tiras. Pele el rábano y rállelo. Corte el pimien-to por la mitad, quítele las semillas, lave las mitades y córtelas en dados. Pele la cebolla y píquela. • Mezcle el zumo de pomelo con el aceite, la mostaza, la sal y el almíbar. Agregue la salsa a la ensalada y esparza los aritos de cebollino por encima.

Ensalada de col china con tocino

Al fondo de la foto

600 g de col china
1 cebolla grande
½ cucharadita de sal
1 pizca de pimienta negra
2 cucharaditas de zumo de pera
3 cucharadas de vinagre de sidra
2 cucharadas de zumo de manzana
3 cucharadas de aceite de linaza
100 g de tocino entreverado
2 cucharadas de perejil picado

Económica • Fácil

Por persona, unos 945 kJ/ 225 kcal · 7 g de proteínas 17 g de grasas · 10 g de hidratos de carbono

Tiempo de preparación: 20 min

Prepare la col china. Pele la cebolla y píquela. • Mezcle la sal, la pimienta, el zumo de pera, el vinagre, el zumo de manzana y el aceite y vierta la salsa sobre la ensalada. • Corte el tocino en dados, sofríalo y agréguelo. • Esparza el perejil sobre la ensalada.

Ensalada de col china con frutas

A la derecha de la foto

600 g de col china
2 kiwis · 2 naranjas
2 cucharadas de crema de leche
1 cucharada de petit suisse
3 cucharadas de yogur natural
1 cucharada de zumo de limón
1 pizca de sal y pimienta
4 cucharadas de hojas de berros

Receta integral • Fácil

Por persona, unos 335 kJ/ 80 kcal · 3 g de proteínas 4 g de grasas · 9 g de hidratos de carbono

Tiempo de preparación: 20 minutos

Prepare la col china tal como se ha descrito en la receta de la ensalada de col china y rábano y córtela en tiras. Pele los kiwis y las naranjas. Corte los kiwis en rodajas de aproximadamente ½ cm de grosor y parta éstas en cuartos. Filetee las naranjas. • Bata la crema con el petit suisse, yogur, el zumo de limón, la sal, la pimienta y los berros. Agregue la salsa a los ingredientes de la ensalada y remuévala.

Ensalada de col con tocino

Resulta exquisita para cualquier ocasión

Ensalada de chucrut

El complemento ideal de una comida

1 col pequeña (1 kg)
2 l de agua
1 cucharadita de sal
200 g de tocino ahumado entreverado
1 cucharadita de sal
2 cucharaditas de melaza de remolacha
2 cucharaditas de comino machacado
1 pizca de pimienta blanca
2-3 cucharadas de vinagre de vino
3 cucharadas de vino blanco
2 cucharadas de aceite de nueces

Elaborada

Por persona, unos 1 805 kJ/ 430 kcal · 8 g de proteínas 38 g de grasas · 13 g de hidratos de carbono

Tiempo de preparación: 30 min
Tiempo de reposo: 1 hora

Quite a la col las hojas estropeadas. Cuartéela, quítele el tronco y corte los cuartos en tiras. Ponga a hervir el agua con la sal. Eche las tiras de col en un colador y déjelas blanquear 4 minutos en el agua salada. Escurra después las tiras de repollo. • Trocee el tocino y fríalo hasta que esté dorado y crujiente. • Bata la sal con la melaza, el comino, la pimienta, el vinagre, el vino blanco y el aceite. • Mezcle las tiras de col bien escurridas con la salsa en una fuente. Vierta por encima los trocitos de tocino • Deje reposar la ensalada de col tapada durante 1 hora a temperatura ambiente.

Nuestra sugerencia: No se sorprenda por la melaza de remolacha. Todos los tipos de melaza proporcionan, además de sustancias edulcorantes, sustancias aromáticas y de valor nutritivo. Por ello son condimentos bien recibidos en gran cantidad de platos actuales.

800 g de chucrut
1 cebolla grande
1 pepinillo en vinagre grande
3 rodajas de piña natural
1/8 l de zumo de piña natural
4 cucharadas del líquido de conservación de los pepinillos
2 cucharadas de aceite de cártamo

Receta integral • Rápida

Por persona, unos 755 kJ/ 180 kcal · 5 g de proteínas 5 g de grasas · 28 g de hidratos de carbono

Tiempo de preparación: 10 min
Tiempo de reposo: 20 minutos

Remueva el chucrut en una fuente grande con dos tenedores para que quede suelto. Pele la cebolla y píquela muy fina. Trocee el pepinillo. Pele las rodajas de piña y córtelas en trozos pequeños. • Mezcle el zumo de piña con el líquido de los pepinillos y el aceite. Agregue la cebolla picada, los trocitos de pepinillo, los de piña y la salsa a la ensalada de chucrut y remuévala. • Deje reposar la ensalada a temperatura ambiente y tapada durante unos 20 minutos.

Nuestra sugerencia: Si prefiere la ensalada de chucrut con un gusto especialmente dulce, mezcle con el chucrut 100 g de pasas lavadas en agua caliente y escurridas. Pero si desea la ensalada más bien fuerte y copiosa, elimine la piña y agregue 200 g de atún de lata junto con el aceite. También eliminará el aceite de cártamo y el zumo de piña. Para darle un toque picante y ácido, utilice 6 cucharadas del líquido de los pepinillos y condiméntela al gusto con un poco de vinagre de sidra.

Ensalada de lombarda y frutas

Toda una especialidad

700 g de lombarda	
2 l de agua	
1 cucharadita de sal	
5 cucharadas de vinagre de sidra	
1 cucharada de zumo de limón	
2 cucharadas de zumo de pera concentrado	
½ cucharadita de sal	
1 manzana	
1 naranja grande	
1 plátano	
250 g de piña natural	
3 cucharadas de aceite de nueces	

Elaborada

Por persona, unos 1 155 kJ/
275 kcal · 4 g de proteínas
8 g de grasas · 47 g de hidratos
de carbono

Tiempo de preparación: 30 min
Tiempo de reposo: 30 minutos

Quite a la lombarda las hojas exteriores estropeadas. Cuartee la col. Corte los troncos gruesos en forma de cuña y deséchelos, corte los cuartos en tiras. Ponga a hervir el agua con la sal y 3 cucharadas de vinagre de sidra. Eche las tiras de lombarda en un colador, blanquéelas 4 minutos en el agua hirviendo y déjelas escurrir después. • Bata el zumo de limón con el resto del vinagre, el zumo de pera y la sal. Mezcle la salsa, en una ensaladera grande con la lombarda, aplastándola ligeramente. • Pele la manzana, córtela en octavos, quítele el corazón y corte los trozos en rodajitas. Pele la naranja y filetéela. Pele el plátano, córtelo por la mitad a lo largo y luego en rodajas. Pele la piña y córtela primero en rodajas y después en trocitos pequeños. Añada toda la fruta junto con el aceite de nueces a la lombarda. • Deje reposar la ensalada tapada y a temperatura ambiente durante 30 minutos.

Ensalada de coles de Bruselas con aguaturma

Muy apropiada como cena

800 g de coles de Bruselas	
1 cucharadita de sal	
100 g de tocino ahumado entreverado	
2 escalonias	
50 g de aguaturma	
2 cucharadas de aceite de girasol	
2 cucharadas de vinagre de vino blanco	
6 cucharadas de caldo de verduras	
2 cucharadas de perejil picado	

Fácil

Por persona, unos 1 365 kJ/
325 kcal · 13 g de proteínas
23 g de grasas · 16 g de hidratos
de carbono

Tiempo de preparación: 10 min
Tiempo de cocción: 20 minutos

Quite a las coles de Bruselas las hojas exteriores estropeadas y recorte un poco los troncos. Lave las coles y póngalas en una cazuela. Esparza la sal sobre las coles y añádales el agua necesaria hasta que queden justo cubiertas. Cueza las coles de Bruselas unos 20 minutos, dependiendo del tamaño, y póngalas después a escurrir en un colador. • Corte el tocino en dados pequeñitos. Pele las escalonias y píquelas finamente. Pele la aguaturma, lávela, rállela y déjela aparte. • Caliente el aceite. Fría en él los dados de tocino, removiéndolos hasta que estén crujientes y sáquelos con una espumadera de su grasa. Dore la escalonia en su grasa. • Mezcle el vinagre de vino y el caldo de verduras con la escalonia, la grasa del tocino y la aguaturma rallada con las coles de Bruselas. Esparza por encima de la ensalada los trocitos de tocino y el perejil picado.

Ensaladas ligeras de brécoles

Así de deliciosos quedan los brécoles en las ensaladas

Ensalada de brécoles con pavo

A la izquierda de la foto

800 g de brécoles · 1 cucharadita de sal · 1 yogur natural

1 cebolla

200 g de filetes de pavo

8 nueces peladas

1 pizca de sal y pimienta blanca

2 cucharadas de vinagre de vino blanco y 4 de aceite de nueces

Receta integral • Coste medio

Por persona, unos 1 195 kJ/ 285 kcal · 20 g de proteínas 17 g de grasas · 13 g de hidratos de carbono

Tiempo de preparación: 10 min
Tiempo de cocción: 12 minutos

Hierva los brécoles en agua salada, escúrralos y déjelos enfriar. • Pele la cebolla y píquela. Lave la carne de pavo y córtela en dados. • Caliente 2 cucharadas de aceite y dore la cebolla. Añada los dados de pavo y sofríalos 4 minutos. Salpimente la carne. • Mezcle el aceite restante con el vinagre y el yogur y agregue la salsa junto con la cebolla y el pavo a los brécoles. • Pique las nueces sobre la ensalada.

Ensalada de brécoles con gambas

En primer plano de la foto

200 g de gambas hervidas

800 g de brécoles

1 cucharadita de sal

1 manzana grande

½ cucharadita de sal

1 pizca de pimienta blanca

1 cucharadita de azúcar

2 de zumo de limón

3 de zumo de melocotón

4 de aceite de cártamo

2 de cebollino picado

Coste medio

Por persona, 1 010 kJ/240 kcal 16 g de proteínas · 11 g de grasas 18 g de hidratos de carbono

Tiempo de preparación: 10 min
Tiempo de cocción: 12 minutos

Pele las gambas. • Prepare los brécoles y hiérvalos en agua salada. • Pele la manzana y córtela en tiras, mézclelas con la sal, la pimienta, el azúcar, los zumos de limón y pomelo y el aceite. • Aliñe con esta salsa las gambas y los brécoles.

Ensalada de brécoles con coco rallado

A la derecha de la foto

800 g de brécoles

1 cucharadita de sal

3 huevos duros · 1 cebolla

1 pizca de pimienta blanca

1 chorrito de tabasco

4 cucharadas de zumo de naranja · 50 g de coco rallado

4 cucharadas de aceite de semillas

Receta integral • Rápida

Por persona, unos 1 240 kJ/ 295 kcal · 14 g de proteínas 22 g de grasas · 14 g de hidratos de carbono

Tiempo de preparación: 15 min
Tiempo de cocción: 12 minutos

Limpie los brécoles y divídalos en ramitos. Córteles los tallos y déjelos hervir cubiertos con agua salada 6 minutos. Añada después los ramitos y déjelos cocer 6 minutos. • Escurra los brécoles y déjelos enfriar. Pele los huevos y trocéelos. • Pele la cebolla, rállela y mézclela con la pimienta, el tabasco, el zumo de naranja y el aceite de semillas. Agregue la salsa a los brécoles. • Espolvoree el huevo con el coco rallado.

Espinacas con hierbas primaverales

La selección de las hierbas depende de la suerte del recolector

300 g de hojas de llantén, acedera, hierba de los canónigos y ortiga
500 g de espinacas, a ser posible jóvenes
4 l de agua
2 cucharaditas de sal
1 cebolla grande
2 dientes de ajo
2 cucharadas de aceite de cártamo
1 pizca de sal
1 cucharadita de miel
⅛ l de crema de leche agria
50 g de piñones

Receta integral • Elaborada

Por persona, unos 1 135 kJ/ 270 kcal · 9 g de proteínas 16 g de grasas · 22 g de hidratos de carbono

Tiempo de preparación: 1 hora

Lave bien las hierbas silvestres y las espinacas y quíteles los tallos gruesos. • Ponga a hervir el agua con sal. Eche las hierbas y las espinacas en el agua y blanquéelas 3 minutos. • Déjelas escurrir después en un colador y píquelas. Pele la cebolla y los dientes de ajo y pique ambos muy finos. • Caliente el aceite. Dore en él la cebolla y el ajo. Añádales las verduras picadas y rehóguelas a fuego lento y tapado durante 5 minutos. • Incorpore la sal, la miel y la crema agria. Deje evaporar un poco el líquido a fuego lento con la cacerola destapada durante unos minutos. • Entre tanto, pique los piñones y espárzalos por encima. • Puede acompañar este plato con patatas cocidas y huevos al plato, albóndigas o croquetas de cereales.

Acelgas en salsa crema

Una forma delicada de servir acelgas

1 kg de acelgas
¼ l de caldo de verduras caliente
2 cucharaditas de harina de trigo integral
2 cucharadas de zumo de piña natural puro
1 pizca de sal y nuez moscada rallada
2 cucharadas de almendras picadas
Unas gotas de zumo de limón
⅛ l de crema de leche

Receta integral • Rápida

Por persona, unos 840 kJ/ 200 kcal · 8 g de proteínas 14 g de grasas · 11 g de hidratos de carbono

Tiempo de preparación: 20 min Tiempo de cocción: 10 minutos

Lave bien las alcegas, retire un puñado de hojas verdes y déjelas aparte tapadas. • Corte el resto de las acelgas en tiras finas, échelas en el caldo de verduras caliente y rehóguelas 10 minutos, tapadas y a fuego lento. • Deslíe la harina en el zumo de piña. Ligue con ello la verdura. Condimente las acelgas con la sal, la nuez moscada, las almendras y el zumo de limón. Incorpore removiendo la crema de leche. Deje evaporar con la cacerola abierta y a fuego lento otro poco de líquido. • Entre tanto, pique finamente las hojas de acelga apartadas y espárzalas sobre la verdura cocida. • Acompañe con puré de patatas y huevos escalfados o chuletas de cordero.

Nuestra sugerencia: Los zumos de frutas naturales se encuentran en los establecimientos de productos dietéticos o herboristerías.

Guisantes y tirabeques al estilo del gourmet

Guarniciones especiales para ocasiones festivas

Tirabeques en salsa de vino

En primer plano de la foto

---

700 g de tirabeques

2 cucharadas de mantequilla

⅛ l de caldo de verduras

3 yemas de huevo

1 cucharada de maicena

1 pizca de sal y pimienta blanca

⅛ l de vino blanco seco

Unas gotas de zumo de limón

1 pizca de corteza de limón rallada

4 cucharadas de crema de leche

3 claras de huevo

2 cucharadas de eneldo picado

Rápida • Elaborada

Por persona, unos 905 kJ/ 215 kcal · 11 g de proteínas 12 g de grasas · 15 g de hidratos de carbono

Tiempo de preparación: 15 min
Tiempo de cocción: 10-15 min

Lave los tirabeques, corte los extremos y déjelos escurrir. • Derrita la mantequilla y sofría un poco los tirabeques. Vierta el caldo de verduras por encima y rehogue con el recipiente tapado de 10 a 15 minutos; después escúrralo y recoja el líquido. • Bata las yemas de huevo con maicena, la sal y la pimienta y caliente la mezcla al baño maría removiendo constantemente. Poco a poco agregue el vino blanco a la salsa y condiméntela con el zumo y la ralladura de limón. Bata la salsa con la crema y el líquido de cocción de los tirabeques. • Bata las claras a punto de nieve y añádalas a la salsa. Mezcle los tirabeques con la salsa y esparza por encima el eneldo. • Acompañe con filetes de pavo y puré de patatas.

Guisantes sobre patatas duquesa

Al fondo de la foto

---

800 g de patatas harinosas

2 cucharaditas de sal

500 g de guisantes desgranados

⅛-¼ l de caldo de verduras

1 pizca de azúcar

50 g de mantequilla

1 pizca de pimienta blanca y nuez moscada rallada

1 yema de huevo · 2 cucharadas de leche · 2 yemas de huevo

4 cucharadas de queso Emmental recién rallado

2 cucharadas de mantequilla

Para la placa del horno: aceite

Elaborada

Por persona, unos 1 595 kJ/ 380 kcal · 15 g de proteínas 15 g de grasas · 46 g de hidratos de carbono

Tiempo de preparación: 30 min
Tiempo de cocción: 35-40 min

Pele las patatas, trocéelas y hiérvalas con sal 25 minutos. • Rehogue los guisantes en el caldo de verduras con ½ cucharadita de sal y el azúcar 20 minutos. • Escurra las patatas y páselas por el pasapurés. • Precaliente el horno a 200 ºC. Unte la placa del horno con aceite. • Mezcle ½ cucharadita de sal, la mantequilla, las yemas de huevo, la pimienta y la nuez moscada con las patatas aplastadas. Forme de la mezcla 8 porciones iguales con la ayuda de una manga pastelera y haga un hueco en el centro. Bata la yema de huevo con la leche y pincele con ello los nidos de patata. • Escurra los guisantes y rellene con ellos los nidos de patata. Esparza el queso y la mantequilla por encima. • Gratine los pastelitos de 10 a 15 minutos.

Platos deliciosos con habas y judías

Las judías ganan sabor si están finamente condimentadas

Habas en salsa bechamel

Al fondo de la foto

1½ kg de habas
½ l de caldo de verduras
2 ramitas de ajedrea
2 cucharadas de mantequilla
1 cucharada de harina
1 cebolla pequeña
½ hoja de laurel
2 clavos
1 pizca de sal, pimienta y de nuez moscada rallada
⅛ l de crema de leche
1 cucharadita de pasta de anchoas
2 cucharadas de perejil picado

Elaborada • Fácil

Por persona, unos 1 220 kJ/ 290 kcal · 12 g de proteínas 15 g de grasas · 26 g de hidratos de carbono

Tiempo de preparación: 15 min
Tiempo de cocción: 1 hora

Desgrane las habas, lávelas bajo el chorro de agua fría y déjelas escurrir. Ponga a hervir el caldo de verduras con la ajedrea. Eche las habas y déjelas cocer tapadas unos 30 minutos. • Escúrralas, recoja ⅜ de l de su líquido de cocción y guárdelo. • Derrita la mantequilla. Espolvoree con la harina, dórela, removiéndola y vierta poco a poco el caldo de verduras. • Pele la cebolla, pínchela con la hoja de laurel y los clavos aromáticos y agréguela a la salsa. Deje cocer ésta unos 30 minutos, removiéndola con frecuencia. • Saque la cebolla y condimente la salsa con sal, pimienta y nuez moscada. Bata la crema con la pasta de anchoas y mézclela con la salsa. Incorpore las habas a la salsa. • Sirva las habas con el perejil esparcido por encima.

Judías verdes a la crema

En primer plano de la foto

800 g de judías verdes
1 cebolla
1 diente de ajo
2 zanahorias medianas
2 cucharadas de aceite de semillas
⅛ l de caldo de verduras
2 ramitas de ajedrea
1 cucharadita de maicena
2 cucharadas de crema de leche
2 cucharadas de petit suisse
2 cucharaditas de hojitas de tomillo picadas

Receta integral • Fácil

Por persona, unos 775 kJ/ 185 kcal · 7 g de proteínas 10 g de grasas · 19 g de hidratos de carbono

Tiempo de preparación: 20 min
Tiempo de cocción: 10-20 min

Prepare las judías, si es necesario quíteles los hilos y lávelas. Corte las judías grandes por la mitad o en cuartos. Pele la cebolla y píquela. Pique el diente de ajo muy finamente. Raspe las zanahorias, lávelas y trocéelas pequeñas. • Caliente el aceite. Doré en él la cebolla y el ajo dándoles vueltas. Agregue las judías y los trozos de zanahoria y remuévalos rápidamente en la grasa. Añada a las verduras el caldo y la ajedrea. Deje cocer de 10 a 20 minutos, según el grosor de las judías. • Deslía la maicena en un poco de agua fría y mézclelo con la crema y el petit suisse. Ligue con ello el fondo de cocción de las judías verdes. Saque la ajedrea de jardín. Esparza el tomillo sobre la verdura. • Las judías verdes a la crema van bien con chuletas de cordero y patatas hervidas con piel.

Colinabos en exquisitas variantes

Combinan perfectamente con otras hortalizas

Colinabos con zanahorias

A la izquierda de la foto

---

3 colinabos (600 g)

2 zanahorias · 4 patatas

2 cebollas

50 g de tocino ahumado entreverado

2 cucharadas de mantequilla

½ l de caldo de carne

1 pizca de sal y pimentón

2 cucharadas de hojas de berros

Económica • Fácil

Por persona, unos 1 195 kJ/ 285 kcal · 6 g de proteínas 14 g de grasas · 32 g de hidratos de carbono

Tiempo de preparación: 30 min
Tiempo de cocción: 20-25 min

Pele los colinabos, las zanahorias, las patatas y las cebollas y córtelo todo en dados. Corte el tocino en dados. Lave las hojas tiernas del colinabo y píquelas. • Sofría los dados de tocino en la mantequilla. • Dore los dados de cebolla en ésta y sofría a continuación las restantes hortalizas, vierta el caldo de carne y deje rehogar de 20 a 25 minutos. • Sazone y esparza los berros, las hojas del colinabo y los dados de tocino por encima.

Rodajas de colinabo en salsa crema

En primer plano de la foto

---

4 colinabos (800 g)

3 cucharadas de aceite de semillas · ⅛ l de crema de leche

⅛ l de caldo de verduras caliente

1 pizca de sal y pimienta blanca

2 cucharadas de perejil picado

Receta integral • Rápida

Por persona, unos 985 kJ/ 235 kcal · 5 g de proteínas 18 g de grasas · 13 g de hidratos de carbono

Tiempo de preparación: 10 min
Tiempo de cocción: 10-15 min

Pele los bulbos de colinabo y córtelos en rodajas. Lave las hojas y píquelas. • Sofría las rodajas de colinabo, vierta el caldo de verduras y rehogue de 10 a 15 minutos. • Mezcle la preparación con la crema, salpiméntela y esparza el perejil y las hojas de colinabo picadas por encima.

Colinabos con jamón

A la derecha de la foto

---

5 colinabos (1 kg)

3 cucharadas de mantequilla

½ l de caldo de carne caliente

1 ramita de levístico

1 pizca de azúcar, sal, pimienta negra y nuez moscada rallada

100 g de jamón dulce desgrasado

50 g de tocino entreverado en lonchas finas

2 cucharaditas de aceite

1 cucharadita de levístico

Rápida • Fácil

Por persona, unos 1 510 kJ/ 360 kcal · 17 g de proteínas 25 g de grasas · 17 g de hidratos de carbono

Tiempo de preparación: 15 min
Tiempo de cocción: 20 min

Pele los colinabos y córtelos en rodajas. Lave las hojas de los colinabos y píquelas. • Sofría el colinabo en la mantequilla. Agregue el caldo de carne, el levístico, el azúcar, la sal, la pimienta y la nuez moscada. • Rehogue los colinabos 20 minutos. • Corte el jamón en tiras y mézclelo con los colinabos. Dore el tocino. • Esparza el levístico picado, las hojas verdes del colinabo y las lonchas de tocino.

Berenjenas con salsa de tomate

Sabor mediterráneo

| 1 kg de berenjenas pequeñas |
| 2 cucharaditas de sal |
| 1 cebolla |
| 2 dientes de ajo |
| 6 tomates |
| 4 cucharadas de harina de trigo integral |
| ⅛ l de aceite de oliva |
| 1 cucharadita de romero picado |
| 1 pizca de sal y pimienta blanca |
| 1 cucharadita de harina de trigo integral |
| 1 cucharada de vinagre de sidra |

Receta integral • Elaborada

Por persona, unos 1 785 kJ/
420 kcal · 7 g de proteínas
32 g de grasas · 26 g de hidratos
de carbono

Tiempo de preparación
y de reposo: 40 minutos
Tiempo de cocción: 35 minutos

Pele finamente las berenjenas, córtelas a lo largo en lonchas de 1 cm de grosor, sálelas y déjelas reposar tapadas 30 minutos. • Pele la cebolla y los dientes de ajo y píquelos. Pele los tomates, córtelos en octavos y elimine los pedúnculos. • Escurra el líquido que hayan soltado las berenjenas al reposar, seque las lonchas y enharínelas. • Caliente el aceite. Dore las lonchas de berenjenas a fuego lento por ambos lados, escúrralas y manténgalas calientes. • Tire la mitad del aceite. Dore la cebolla y el ajo en la grasa restante. Añada los tomates y sofríalos 2 minutos. Agregue el romero, la sal y la pimienta y cueza todo tapado unos 5 minutos. • Deslíe la harina en el vinagre y ligue con ello la salsa de tomate; déjela cocer ligeramente otros 5 minutos. • Acompañe con arroz hervido y carne asada.

Calabacines estofados

Armonizan bien con el tocino ahumado

| 800 g de calabacines pequeños |
| 2 dientes de ajo |
| 1 cucharadita de sal |
| 1 pizca de pimienta negra |
| 100 g de tocino ahumado entreverado |
| 2 cucharadas de aceite de oliva |
| ⅛ l de caldo de verduras caliente |
| 1 cucharada de hojas de salvia picadas |
| 6 cucharadas de crema de leche |
| 1 pizca de pimentón picante |
| 2 cucharadas de cebollino picado |

Económica • Fácil

Por persona, unos 1 365 kJ/
325 kcal · 6 g de proteínas
27 g de grasas · 14 g de hidratos
de carbono

Tiempo de preparación: 30 min
Tiempo de cocción: 20 minutos

Lave los calabacines, elimine los extremos y corte los frutos en dados. Pele los dientes de ajo, trocéelos y macháquelos con la sal y la pimienta. Mezcle los dados de calabacín en una fuente con la salsa de ajo. • Trocee el tocino, sofríalo en el aceite y retírelo de la grasa con una espumadera. • Sofría uniformemente los dados de calabacín en la grasa del tocino. Agregue el caldo de verduras y la salvia y deje estofar con el recipiente tapado y a fuego lento 15 minutos. • Bata la crema con el pimentón, mézclela con los calabacines y deje evaporar un poco el líquido de cocción a fuego lento. • Sirva los calabacines con los dados de tocino y el cebollino picado esparcido por encima. • Acompáñelos con tortitas de patata.

Nuestra sugerencia: Si no le gusta el tocino, puede poner dados de jamón magro o 200 g de carne de ave cocida, troceada.

Guarnición apetitosa: las zanahorias

Suavemente condimentadas es como mejor saben

Zanahorias glaseadas

Al fondo de la foto

800 g de zanahorias	
3 cucharadas de aceite de germen de trigo	
1 cucharada de miel	
⅛ l de caldo de verduras	
2 cucharaditas de maicena	
3 cucharadas de crema de leche · 1 pizca de sal	
1 cucharada de menta picada	

Receta integral • Económica

Por persona, unos 775 kJ/ 185 kcal · 4 g de proteínas 10 g de grasas · 20 g de hidratos de carbono

Tiempo de preparación: 20 min
Tiempo de cocción: 20 minutos

Cepille las zanahorias y córtelas en dados. • Caliente el aceite, agregue la miel y sofría los dados de zanahoria 5 minutos. Añada el caldo de verduras. Rehogue todo 20 minutos. • Bata la maicena con la crema. Ligue con ello el líquido de cocción de las zanahorias. Sale y esparza la menta por encima.

Zanahorias al moscatel

En primer plano de la foto

800 g de zanahorias	
3 cucharadas de mantequilla	
⅛ l de vino de moscatel	
½ cucharadita de sal	
2 cucharadas de perejil picado	

Fácil

Por persona, unos 755 kJ/ 180 kcal · 2 g de proteínas 7 g de grasas · 22 g de hidratos de carbono

Tiempo de preparación: 10 min
Tiempo de cocción: 20-30 min

Corte las zanahorias en rodajas y sofríalas 5 minutos. Agregue el moscatel, la sal y mézclelo. • Deje cocer las zanahorias de 20 a 30 minutos. • Esparza el perejil por encima.

Hortalizas gratinadas

Una preparación adecuada para los frutos más frescos

Hinojo gratinado con queso

En primer plano de la foto

800 g de hinojos
1 cucharadita de sal
50 g de mantequilla
2 cucharadas de harina
⅛ l de leche caliente
1 pizca de sal, pimienta blanca y nuez moscada rallada
4 cucharadas de queso parmesano recién rallado
Para la fuente: mantequilla

Coste medio ●Elaborada

Por persona, unos 1 115 kJ/ 265 kcal · 10 g de proteínas 15 g de grasas · 22 g de hidratos de carbono

Tiempo de preparación: 20 min
Tiempo de cocción: 50 minutos

Prepare los bulbos de hinojo, lávelos y córtelos en trozos. Pique las hojas verdes y póngalas aparte. ● Deje hervir los hinojos con agua salada 40 minutos. ● Unte con mantequilla una fuente refractaria. Precaliente el horno a 220 ºC. ● Escurra los hinojos; mida ⅛ l de su líquido de cocción. Derrita 25 g de mantequilla, espolvoréela con la harina, dórela y añádale el líquido de cocción de los hinojos. Agregue la leche y deje cocer la salsa unos minutos; condiméntela con la sal, la pimienta y la nuez moscada. ● Ponga los trozos de hinojo en el molde y cúbralos con las hojas picadas y la salsa. Esparza el queso por encima y distribuya el resto de la mantequilla en copitos. Gratine 10 minutos.

Variante: Apio gratinado de queso

Al fondo de la foto

Prepare 1 kg de apio, córtelo en trozos y hiérvalo 30 minutos en agua salada. Pique las hojas del apio. ● Eche el apio en una fuente refractaria y gratínelo como el hinojo gratinado con queso.

Pepinos agridulces

Un plato cremoso, ligero y digestivo

1 kg de pepinos
2 cucharadas de margarina
1 cucharadita de mostaza suave
½ cucharadita de sal
1 cucharadita de miel
1-2 cucharadas de zumo de limón
⅛ l de caldo de verduras caliente
1 yema de huevo
6 cucharadas de crema de leche
2 cucharadas de eneldo picado

Receta integral • Económica

Por persona, unos 590 kJ/
140 kcal · 3 g de proteínas
11 g de grasas · 7 g de hidratos
de carbono

Tiempo de preparación: 15 min
Tiempo de cocción: 20 minutos

Pele los pepinos, córtelos por
la mitad a lo largo, quíteles
las semillas y córtelos en rodajas
de aproximadamente ½ cm de
grosor • Derrita la margarina.

Dore en ella los trozos de pepino,
dándoles vueltas. Agregue removiendo la mostaza, la sal, la miel y
el zumo de limón. Vierta el caldo
de verduras y deje estofar, tapado
y a fuego lento unos 20 minutos
de cocción, abra la cacerola y, a
fuego lento, deje que se evapore
un poco el líquido de los pepinos
durante unos minutos. Aparte el
recipiente del fuego. Mezcle 2 cucharadas del líquido de cocción
caliente con la crema y la yema.
Espese con ello el fondo de cocción, rectifique la condimentación
y sirva el plato con el eneldo picado esparcido por encima. •
Acompañe con puré de patatas.

Nuestra sugerencia: Si prefiere la
salsa ligada, puede dejarla cocer
brevemente con 1 ó 2 cucharaditas de maicena desleída en agua
fría y mezclada con la crema y la
yema de huevo.

Nabos al Oporto

Aproveche la oportunidad, durante la temporada de los nabos:

800 g de nabos
1 cucharadita de sal
2 cucharadas de mantequilla
2 cucharadas de harina
1 cucharada de mantequilla
2 cucharadas de azúcar
2 copitas de vino de Oporto

Fácil

Por persona, unos 610 kJ/
145 kcal · 2 g de proteínas
7 g de grasas · 17 g de hidratos
de carbono

Tiempo de preparación: 30 min
Tiempo de cocción: 20 minutos

Pele los nabos, lávelos bien,
séquelos y córtelos en dados
pequeños. Ponga los dados a hervir cubiertos con agua salada
unos 20 minutos. • Escúrralos
después en un colador; mida ½ l
del líquido de cocción y guárdelo.
• Deje derretir la mantequilla en
una cacerola grande. Eche la hari-

na y dórela removiendo con ener-
gía. Añádale poco a poco el líquido de cocción de los nabos; bata
bien la salsa con la batidora de
varillas y déjela cocer bien. •
Agregue dados de nabo a la
salsa. • Caliente la mantequilla en
un cazo pequeño. Deje acarame-
larse el azúcar en ella removiéndolo bien. Agregue el Oporto, remuévalo todo bien y vierta sobre
los nabos. • Deje cocer a fuego
lento otros 5 minutos. • Acompañe con patatas espolvoreadas con
perejil y chuletas de cerdo.

Nuestra sugerencia: Pruebe algu-
na vez los nabos preparados con
salsa bechamel, sustituyendo para
ello la mitad del caldo de cocción
por leche y condimente con sal, 1
pizca de pimienta blanca y nuez
moscada. En vez del azúcar añada 3 ó 4 cucharadas de cebollino
picado.

Coliflor en salsa crema

La coliflor tiene que conservar su punto

1 kg de coliflor
½ l de leche · ½ l de agua
3 cucharadas de margarina
1 cucharada de harina de trigo integral
⅛ l de crema de leche
2 yemas de huevo
½ cucharadita de sal
1 pizca de nuez moscada rallada
2 cucharadas de cebollino picado

Receta integral • Elaborada

Por persona, unos 1 070 kJ/ 255 kcal · 9 g de proteínas 18 g de grasas · 14 g de hidratos de carbono

Tiempo de preparación: 35 min
Tiempo de cocción: 30-35 min

Quite a la coliflor las hojas exteriores, recorte el tronco y hágale una incisión en forma de cruz; de este modo se hará al mismo tiempo que los ramitos, que son más blandos. Ponga la coliflor con la cabeza hacia abajo 15 minutos en agua fría, para que se elimine la suciedad y los posibles insectos. • Ponga a hervir la leche con el agua. Cueza suavemente la coliflor con la cabeza hacia arriba y tapada de 20 a 25 minutos. • Déjela escurrir después, divídala en ramitos y manténgala caliente. • Mida ¼ l de su líquido de cocción. • Derrita la margarina. Espolvoréela con la harina, dórela removiendo y añada poco a poco el líquido de la coliflor. Deje cocer ligeramente la salsa 10 minutos removiéndola. • Bata la crema con las yemas de huevo, la sal y la nuez moscada y amalgame 2 cucharadas de la salsa caliente con la mezcla de crema y yemas. Aparte la salsa del fuego y añádale la crema. Agregue la coliflor a la salsa caliente y recaliéntelo todo otra vez, pero sin dejar hervir. • Antes de servir la coliflor, espolvoréela por encima con el cebollino. • Acompáñela con puré de patatas y tomates asados.

Boniatos glaseados

Imprescindible probarlos en otoño

800 g de boniatos
1 cucharadita de sal
⅛ l de miel
1 cucharadita de angostura
1 cucharadita de zumo de limón
3 cucharadas de mantequilla

Especialidad americana

Por persona, unos 1 595 kJ/ 380 kcal · 4 g de proteínas 7 g de grasas · 75 g de hidratos de carbono

Tiempo de preparación: 15 min
Tiempo de cocción: 30 minutos

Cepille los boniatos bajo el chorro del agua fría y cuézalos con agua unos 30 minutos, tapados y a fuego lento. • Pinche después los boniatos, para comprobar si están blandos. Escúrralos, déjelos enfriar un poco, pélelos, cuartéelos y sálelos. • Caliente el jarabe de arce con la angostura, el zumo de limón y la mantequilla removiendo constantemente. Ponga a calentar de nuevo los boniatos en esta mezcla a fuego lento, dándole vueltas con frecuencia para glasearlos. • Sírvalos con cordero asado.

Nuestra sugerencia: Con boniatos hervidos también puede hacerse una ensalada: mezcle los boniatos con rodajitas de apio fresco, trocitos de manzana, gajos de naranja, anacardos picados, algunas pasas y una salsa de mayonesa y yogur condimentada con curry.

Cardos y acelgas sabrosos

Exquisitos siempre

Cardos gratinados

Al fondo de la foto

2 kg de cardos
1 l de agua
1 cucharadita de sal
3 cucharadas de vinagre
3,5 dl de caldo de verduras
3 escalonias
2 cucharadas de margarina
1 cucharada de harina de trigo
2 huevos · 1 pizca de sal
50 g de queso Emmental recién rallado
Para la fuente: margarina vegetal

Receta integral

Por persona, unos 965 kJ/
230 kcal · 14 g de proteínas
12 g de grasas · 16 g de hidratos
de carbono

Tiempo de preparación: 40 min
Tiempo de cocción: 50 minutos

Divida el cardo en tallos, lávelos bien, quíteles las hojas verdes, recorte las puntas y los bordes espinosos y corte los tallos en trozos de 5 cm. • Ponga a hervir el agua con la sal y el vinagre. Eche en ella los trozos de cardo y blanquéelos 5 minutos. • Vierta los cardos en un colador, déjelos enfriar un poco y quíteles la pasta fibrosa. Caliente el caldo de verduras y deje cocer los trozos de cardo tapados durante 30 minutos; escúrralos después y recoja el caldo. • Pele las escalonias y trocéelas. Derrita la margarina. Dore en ella los dados de escalonia. Agregue la harina y dórela. Vierta sobre ello el caldo de verduras poco a poco y deje cocer 5 minutos removiendo, luego aparte la salsa del fuego. • Precaliente el horno a 220 °C. Unte una fuente refractaria con mantequilla. • Separe las yemas de las claras. Añada las yemas a la salsa. Bata las claras con la sal a punto de nieve y mézclelo cuidadosamente con la salsa. • Ponga los trozos de cardo en la fuente y cúbralos con la salsa y esparza por encima el queso. • Gratine la fuente en el horno durante 20 minutos.

Tallos de acelgas con pan y mantequilla

En primer plano de la foto

1½ kg de tallos de acelgas
1½ l de agua
2 cucharaditas de sal
1 cebolla
4 cucharadas de mantequilla
5 cucharadas de pan rallado

Fácil

Por persona, unos 905 kJ/
215 kcal · 10 g de proteínas
10 g de grasas · 21 g de hidratos
de carbono

Tiempo de preparación: 10 min
Tiempo de cocción: 15-20 min

Lave las acelgas a fondo con agua fría, séquelas y quite las hojas verdes a los tallos. Elimine a los tallos los nervios gruesos y corte éstos en trozos de 5 cm de largo. • Ponga a hervir el agua con la sal. Deje cocer en ella los tallos de acelga de 15 a 20 minutos. • Pele la cebolla y píquela. Pique 2 puñados de hojas de acelgas. • Derrita 1 cucharada de mantequilla. Dore en ella la cebolla. Agregue las hojas y déjelas rehogar tapadas 5 minutos. • Derrita el resto de la mantequilla y dore en ella el pan rallado. • Escurra bien los tallos, póngalos en una fuente precalentada y sírvalos con las hojas y el pan rallado con mantequilla.

Endibias rebozadas

Acompañamiento festivo, pero también entrada

8 endibias medianas
2 limones · 2 l de agua
2 cucharaditas de sal
150 g de harina · 2 huevos
⅛ l de cerveza
1 cucharadita de azúcar
1 manojo de perejil
Para freír: 1 l de aceite

Rápida • Fácil

Por persona, unos 1 720 kJ/
410 kcal · 11 g de proteínas
24 g de grasas · 37 g de hidratos
de carbono

Tiempo de preparación: 20 min
Tiempo de cocción: 10 minutos

Quite las hojas exteriores de las endibias, recorte un poco los troncos y hágales una incisión en forma de cuña con un cuchillo afilado para desprenderlos. Exprima los limones. • Ponga a hervir el agua con la sal y el zumo de limón. Sumerja las endibias y déjelas hervir 10 minutos. • Después escúrralas y déjelas enfriar. • Para la pasta para freír, tamice la harina en una fuente. Separe las yemas de las claras. Mezcle las yemas con la cerveza, la sal, el azúcar y la harina. • Caliente el aceite en una freidora o en una sartén grande a 180 °C. • Bata las claras de huevo a punto de nieve e incorpórelas con cuidado a la pasta para freír. Lave el perejil y séquelo bien. • Pase los cogollos de endibia, uno tras otro, por la pasta para freír y sumérjalos en el aceite caliente. Fría las endibias dándoles la vuelta hasta que queden crujientes y doradas, sáquelas del aceite con una espumadera y póngalas a escurrir sobre papel de cocina. Antes de echar otras endibias, cerciórese de que el aceite ha alcanzado de nuevo los 180 °C. • Mantenga las endibias fritas calientes en una fuente precalentada. Eche el perejil en la grasa caliente durante 2 ó 3 minutos, escúrralo un poco y adorne con él las endibias. • Acompáñelas con una ensalada de patata y arenques o lonchas de jamón asadas.

Pastelitos de chirivías

El retorno de una exquisita raíz

600 g de chirivías
⅛ l de caldo de verduras
75 g de trigo recién triturado
1 cucharada de extracto de levadura · 2 huevos
½ cucharadita de sal
2 cucharadas de perejil picado
5 cucharadas de aceite de cártamo

Receta integral • Elaborada

Por persona, unos 1 365 kJ/ 325 kcal · 8 g de proteínas 17 g de grasas · 35 g de hidratos de carbono

Tiempo de preparación: 10 min
Tiempo de cocción: 1 hora

Pele las chirivías, lávelas bien, séquelas y córtelas en rodajas; hiérvalas después suavemente en el caldo de verduras durante 40 minutos. Si es necesario, añada un poco más de caldo o de agua durante la cocción. •

Pase las chirivías cocidas junto con su líquido de cocción por el pasapurés. Espolvoree el trigo triturado sobre el puré. Añádale los huevos, el extracto de levadura, la sal y el perejil picado y amáselo todo hasta conseguir una pasta blanda. Con las manos mojadas forme hamburguesas del tamaño de la palma de la mano. • Caliente el aceite. Fría en él las hamburguesas de chirivías por ambos lados y por tandas hasta que estén doradas. Mantenga los pastelitos calientes hasta que haya terminado toda la pasta. • Sírvalos con una ensalada de hierbas silvestres.

Nuestra sugerencia: Las chirivías una vez cocidas y escurridas, también pueden rebozarse en una pasta para freír como la empleada para las endibias rebozadas y freírlas en abundante aceite hasta que estén doradas. Las chirivías rehogadas a la crema constituyen una guarnición de verduras ligera.

Tortitas de aguaturma

Un sabroso acompañamiento

600 g de aguaturma
1 cucharadita de sal
1 l de agua
½ pimiento rojo
100 g de trigo recién triturado
½ cucharadita de sal
1 cucharada de pimentón dulce
2 huevos
5 cucharadas de aceite de germen de trigo

Receta integral • Elaborada

Por persona, unos 1 490 kJ/ 355 kcal · 10 g de proteínas 17 g de grasas · 40 g de hidratos de carbono

Tiempo de preparación: 30 min
Tiempo de cocción: 30 minutos

Lave las aguaturmas, pélelas y córtelas en rodajas. Ponga a hervir el agua con la sal. Hierva las rodajitas suavemente durante 20 minutos. • Lave el pimiento, quítele las membranas y semillas

y píquelo muy fino. Eche el trigo triturado en una fuente y mézclelo con la sal, el pimentón en polvo y el pimiento picado. Separe las yemas de las claras. Mezcle las yemas con la mezcla. Deje escurrir bien las aguaturmas, píquelas finamente y mézclelas también. • Caliente el aceite en la sartén. Eche por tandas 1 cucharada de la mezcla en el aceite, extendiéndola un poco. Fría las tortitas por ambos lados, hasta que queden crujientes y doradas. Mantenga los fritos al calor hasta que termine toda la pasta. • Las tortitas de aguaturma van bien con pollo escalfado y coles de Bruselas.

Apio nabo preparado de distintas maneras

Variedades exquisitas poco habituales

Apio nabo en salsa

Al fondo de la foto

800 g de apio nabo
2 cucharadas de margarina vegetal
½ cucharadita de melaza de remolacha · ¼ l de agua caliente
1 pizca de pimienta blanca
1 cucharada de harina de trigo
½ taza de caldo de verduras
2 pizcas de sal de hierbas
4 cucharadas de crema de leche agria · 1 yema de huevo

Económica ● Receta integral

Por persona, unos 630 kJ/
150 kcal · 5 g de proteínas
6 g de grasas · 17 g de hidratos
de carbono

Tiempo de preparación: 10 min
Tiempo de cocción: 30 minutos

Corte las hojas verdes de los bulbos de apio nabo y déjelas aparte. Cepille los bulbos de apio nabo bajo el chorro de agua fría, pélelos, vuélvalos a pasar por el chorro del agua y córtelos en rodajas gruesas. Corte las rodajas en dados. ● Derrita la margarina, sofría en ella los dados de apio nabo removiéndolos hasta que hayan cogido un poco de color. Añada el agua con la sal, la meláza y la pimienta y rehogue suavemente la verdura durante 25 minutos, tapada y a fuego lento. ● Espolvoree la harina sobre el apio nabo y, removiendo constantemente, agregue el caldo de verduras y la sal de hierbas. Dé un hervor y deje cocer a fuego muy lento otros 5 minutos. ● Lave las hojas del apio nabo y píquelas finas. Bata la yema de huevo con la crema agria. ● Aparte el recipiente del fuego, ligue el fondo de cocción de crema y yema de huevo y esparza las hojitas por encima.

Rodajas de apio nabo con tuétano

En primer plano de la foto

1 bulbo grande de apio nabo
El zumo de 1 limón
1 cucharadita de azúcar
1 cucharadita de sal
2 cebollas grandes
50 g de mantequilla
2 huesos de caña de buey grandes
2 pizcas de sal
2 pizcas de pimienta negra molida
2 cucharadas de perejil picado

Rápida ● Económica

Por persona, unos 945 kJ/
225 kcal · 6 g de proteínas
12 g de grasas · 23 g de hidratos
de carbono

Tiempo de preparación: 10 min
Tiempo de cocción: 20 minutos

Cepille el bulbo de apio nabo bajo el chorro de agua fría, pélelo, vuélvalo a pasar por el agua y córtelo en rodajas. Hierva las rodajas cubiertas con agua junto con el zumo de limón, el azúcar y la sal durante 20 minutos y déjelas escurrir después. ● Lave las hojas tiernas del apio nabo, píquelas finamente y guárdelas tapadas. ● Pele las cebollas, píquelas y dórelas en la mantequilla. ● Sumerja los huevos de caña 3 minutos en el agua cociendo a borbotones, extráigalos y saque el tuétano de los huesos. Corte el tuétano en rodajas. ● Coloque las rodajas de apio nabo en una fuente, reparta la cebolla dorada por encima y ponga sobre cada rodaja 1 de tuétano. Salpimente el tuétano y esparza por encima el perejil y las hojas picadas del apio nabo. ● Acompañe con patatas y una ensalada verde.

Deliciosos purés de verduras

Purés de verduras, un hito de la cocina fina

Purés de colinabos

A la izquierda de la foto

800 g de colinabos · 1 cebolla
1 diente de ajo · 1 pizca de sal
¼ l de caldo de verduras
4 cucharadas de hojas de berros
1 cucharada de mantequilla
4 cucharadas de crema de leche
1 pizca de nuez moscada rallada

Fácil • Económica

Por persona, unos 525 kJ/
125 kcal · 6 g de proteínas
4 g de grasas · 15 g de hidratos
de carbono

Tiempo de preparación: 15 min
Tiempo de cocción: 25 minutos

Pele los colinabos y trocéelos. Lave las hojas verdes del colinabo y píquelas. Pele la cebolla y el diente de ajo, píquelos y déjelos hervir con los colinabos y el caldo de verduras 25 minutos. • Cinco minutos antes de finalizar la cocción, añada los berros y las hojas de colinabo. • Páselo por el pasapurés y déle un hervor. Finalmente, mézclela con la mantequilla y la crema y condiméntela con sal y nuez moscada.

Variante: Puré de apio nabo

A la derecha de la foto

Prepare 1 kg de apio nabo, trocéelo y rocíelo con 1 cucharada de zumo de limón. Cuézalo con 1 cebolla troceada en ¼ l de caldo de verduras durante 20 minutos. Reduzca a puré el apio nabo junto con el líquido de cocción, 6 cucharadas de crema de leche, ½ cucharadita de sal y un poco de pimienta blanca.

Puré de lentejas

Al fondo de la foto

300 g de lentejas · 1 l de agua
1 manojo de hierbas para sopa
1 cebolla · ½ hoja de laurel
1 cucharada de mantequilla
2 cucharadas de crema de leche
1 pizca de sal
1 pizca de pimienta blanca

Elaborada

Por persona, unos 1 195 kJ/
285 kcal · 18 g de proteínas
4 g de grasas · 44 g de hidratos
de carbono

Tiempo de preparación: 20 min
Tiempo de cocción: 1½ horas

Lave las lentejas. Ponga a hervir el agua con las lentejas. Limpie el manojo de hierbas, pele la cebolla y pártala en cuartos, añádalo junto con la hoja de laurel y las hierbas a las lentejas y deje cocer 1½ horas. • Pase las lentejas por un chino y vuélvalas a cocer, hasta obtener un puré suave. Bata el puré con la mantequilla y la crema y salpiméntelo.

Puré de guisantes

En primer plano de la foto

1½ kg de guisantes sin desgranar
1 cucharadita de sal
1 cucharadita de azúcar
1 ramita de eneldo, perifollo y
perejil · 3,5 dl de agua
6 cucharadas de crema de leche
2 cucharadas de mantequilla

Fácil

Por persona, unos 1 195 kJ/
285 kcal · 16 g de proteínas
10 g de grasas · 33 g de hidratos
de carbono

Tiempo de preparación: 10 min
Tiempo de cocción: 20 minutos

Desgrane los guisantes y déjelos hervir con la sal, el azúcar y las hierbas. • Quite después las hierbas. Pase los guisantes y la crema por el pasapurés y bátalos con la mantequilla.

Nabos a la crema glaseados

El tubérculo favorito de Goethe

800 g de nabos	
3 cucharadas de mantequilla	
2 cucharadas de azúcar	
¼ l de caldo de verduras	
1-2 pizcas de sal	
1 cucharadita de maicena	
2 cucharadas de crema de leche	
2 cucharadas de perejil picante	

Receta clásica

Por persona, unos 545 kJ/
130 kcal · 2 g de proteínas
7 g de grasas · 14 g de hidratos
de carbono

Tiempo de preparación: 15 min
Tiempo de cocción: 35 minutos

Cepille bien los nabos bajo el chorro de agua fría, pélelos, vuélvalos a pasar por el agua y séquelos. Deje enteros los nabos pequeños, los más grandes pártalos por la mitad o cuartéelos. ● Derrita la mantequilla en una cazuela grande, agregue el azúcar removiéndolo y dórelo ligeramente. Caliente el caldo de verduras. Sofría los nabos en el azúcar dorado dándoles vueltas unos 5 minutos, hasta que se hayan dorado ligeramente. Vierta el caldo de verduras y rehogue suavemente los nabos tapados y a fuego lento unos 30 minutos. ● Después salpiméntelos. Deslíe la maicena en la crema y ligue con ello el fondo de cocción de los nabos. ● Sívarlos en una fuente precalentada y esparza por encima el perejil. ● Acompáñelos con patatas hervidas con su piel y lonchas de tocino fritas y crujientes.

<u>Nuestra sugerencia:</u> Es difícil conseguir nabos de pequeño tamaño y regulares, pero no dude en prepararlos cuando los consiga.

Brécoles con pan rallado y mantequilla

Se preparan fácilmente

1 kg de brécoles	
⅛ l de caldo de verduras	
⅛ l de vino blanco seco	
1 cucharadita de sal	
50 g de mantequilla	
100 g de pan rallado	

Fácil

Por persona, unos 1 155 kJ/
275 kcal · 12 g de proteínas
11 g de grasas · 29 g de hidratos
de carbono

Tiempo de preparación: 15 min
Tiempo de cocción: 15 minutos

Lave bien los brécoles bajo el chorro de agua templada, séquelos y quite las partes estropeadas. Pele finamente los tallos como los espárragos de arriba a abajo y sepárelos de los ramitos. ● Ponga a hervir el caldo de verduras con el vino y la sal. Hierva los tallos 5 minutos, agregue después los ramitos y deje cocer otros 10 minutos. ● Caliente la mantequilla en un cazo pequeño. Dore en ella el pan rallado removiéndolo con frecuencia. Antes de servir, eche el pan sobre los brécoles.

<u>Nuestra sugerencia:</u> Dependiendo del plato principal al que vayan a acompañar los brécoles, puede esparcir sobre éstos ⅛ l de crema de leche mezclada con 100 g de queso recién rallado. En este caso, gratine los brécoles en el horno precalentado a 220 ℃ durante unos 10 minutos.

Coles de Bruselas con castañas

Una guarnición especialmente exquisita, pero también consistente

800 g de coles de Bruselas
1½ l de agua
1 cucharadita de sal
400 g de castañas
1 l de agua
50 g de mantequilla
2 cucharadas de miel
¼ l de caldo de verduras
1 pizca de sal y nuez moscada rallada

Elaborada

Por persona, unos 1 825 kJ/ 435 kcal · 13 g de proteínas 14 g de grasas · 64 g de hidratos de carbono

Tiempo de preparación: 20 min
Tiempo de cocción: 30 minutos

Quite a las coles de Bruselas las hojas exteriores estropeadas, recorte los troncos y lave las coles. • Ponga a hervir el agua con la sal. Eche las coles de Bruselas y déjelas hervir tapadas a fuego lento durante 20 minutos. • Ponga a hervir el agua para las castañas. Haga un corte en forma de cruz en la parte puntiaguda de las mismas, échelas en el agua hirviendo y déjelas cocer tapadas y a fuego vivo 20 minutos. • Vierta las coles de Bruselas en un colador y déjelas escurrir. • Escurra las castañas, pélelas y quíteles la piel interior. • Caliente la mantequilla con la miel removiendo constantemente. Añada las castañas, dejándolas que se impregnen bien en ello. Caliente el caldo de verduras, viértalo sobre las castañas y deje rehogar con el recipiente 10 minutos. • Agregue las coles de Bruselas a las castañas, caliéntelas con el fuego al mínimo y condiméntelas con la sal y la nuez moscada. • Sirva este plato con chuletas de cordero.

Nuestra sugerencia: Si tiene pensado acompañar un asado con este plato y sin otra guarnición, aumente la cantidad de castañas a 750 g.

Las mejores formas de preparar la col

El comino y el tocino ligan bien con las coles

Col rehogada con cominos

Al fondo de la foto

1 kg de col blanca
⅛ l de caldo de verduras
100 g de mantequilla derretida
2 cucharaditas de azúcar moreno
2 cucharaditas de cominos
½ cucharadita de sal

Elaborada

Por persona, unos 1 260 kJ/
300 kcal · 4 g de proteínas
25 g de grasas · 14 g de hidratos
de carbono

Tiempo de preparación: 15 min
Tiempo de cocción: 40 minutos

Quite las hojas estropeadas de la col. Corte la col en cuartos, elimine el tronco y separe las hojas. Corte éstas en tiras anchas. • Caliente el caldo de verduras. •

Derrita la mantequilla en una cazuela grande y añada el azúcar moreno. Eche las tiras de col por porciones en la grasa derretida y sofría bien cada porción, antes de echar la siguiente. Añada poco a poco el caldo de verduras, agregue los cominos y rehogue con el recipiente tapado y a fuego lento 40 minutos. • Si fuera necesario, añada un poco más de caldo de verduras o de agua durante el rehogado. Por último, sálelo. • Sirva la col con cerdo asado, chuletas de cerdo, hamburguesas o salchichas.

Nuestra sugerencia: Si no le gusta el comino, aumente la cantidad de azúcar y condimente la col en su lugar con un poco de jengibre recién rallado y salsa de soja ligera. Si lo desea puede ligar el fondo de cocción con 1 ó 2 cucharadas de maicena desleída en un poco de vinagre de vino.

Col rizada con tocino

En primer plano de la foto

1 kg de col rizada
2 l de agua
1 cucharadita de sal
¼ l de caldo de verduras
2 cucharadas de crema de leche
2 cucharadas de petit suisse
2 cucharaditas de pimienta verde
50 g de tocino entreverado en 4 lonchas finas
1 cucharada de aceite

Económica • Fácil

Por persona, unos 905 kJ/
215 kcal · 8 g de proteínas
15 g de grasas · 11 g de hidratos
de carbono

Tiempo de preparación: 10 min
Tiempo de cocción: 25 minutos

Quite a la col rizada las hojas exteriores estropeadas; divida la col en cuartos y límpielos bajo el chorro del agua fría. • Ponga a hervir el agua con la sal. Eche la col rizada y blanquéela 10 minutos. Caliente el caldo de verduras. • Precaliente el horno a 220 °C. • Después de blanquearlos, deje escurrir bien los cuartos de col y póngalos en una fuente refractaria. Vierta el caldo de verduras sobre los cuartos de col. Mezcle la crema con el petit suisse y la pimienta verde ligeramente machacada y vierta la mezcla sobre la col. • Gratine la col en el centro del horno 15 minutos. • Entre tanto, fría las lonchas de tocino en el aceite hasta que estén doradas y crujientes. • Sirva la col con las lonchas de tocino fritas. • Acompañe con patatas espolvoreadas con perejil y pechugas de pollo asadas.

Col y chucrut al estilo clásico

Las mejores guarniciones para asados exquisitos o platos de caza

Lombarda con manzanas

A la izquierda de la foto

1 kg de lombarda
2 manzanas ácidas
2 cucharadas de mantequilla
⅛ l de caldo de verduras
1 cucharadita de sal · 3 clavos
3 cucharadas de vinagre de vino
2 cucharadas de jalea de grosellas

Elaborada

Por persona, unos 755 kJ/ 180 kcal · 4 g de proteínas 6 g de grasas · 27 g de hidratos de carbono

Tiempo de preparación: 20 min
Tiempo de cocción: 1 hora

Quite a la lombarda las hojas exteriores estropeadas. Parta la lombarda en cuartos, recorte en forma de cuña el tronco y corte los cuartos en tiras. Ponga las tiras de lombarda en un colador bajo el chorro de agua fría y déjelas escurrir bien. Cuartee las manzanas, pélelas, quíteles el corazón y córtelas en rodajitas. • Derrita la mantequilla. Caliente el caldo de verduras. Sofría las tiras de lombarda dándoles vueltas en la mantequilla derretida unos 5 minutos. Vierta el caldo de verduras caliente, la sal y los clavos y rehogue la lombarda tapada y a fuego lento durante 1 hora. Si es necesario, agregue un poco de agua o de caldo de verduras. • Pasados 30 minutos del tiempo de cocción, agregue las manzanas junto con el vinagre a la lombarda. • Condimente la lombarda cocida con la jalea de grosellas y, si fuese necesario, con un poco más de sal y de vinagre de vino, obteniendo así un sabor agridulce suave. • Sirva con caza asada, asado de cerdo o chuletas.

Chucrut al cava

A la derecha de la foto

1 kg de chucrut
1 cebolla grande
1 hoja de laurel
2 clavos
100 g de tocino graso
2 cucharadas de aceite
⅛ l de caldo de carne
⅛ l de vino blanco seco
1 pizca de sal y azúcar
⅛ l de cava

Elaborada

Por persona, unos 1 430 kJ/ 340 kcal · 7 g de proteínas 22 g de grasas · 17 g de hidratos de carbono

Tiempo de preparación: 10 min
Tiempo de cocción: 50 minutos

Remueva el chucrut con dos tenedores para que quede suelto. Pele la cebolla y pinche la hoja de laurel con los clavos aromáticos en la cebolla. Corte el tocino en 4 trozos iguales. • Caliente el aceite y pase por él el chucrut de forma que quede bien impregnado. Caliente el caldo de carne y viértalo sobre el chucrut. Añada la cebolla pinchada, los trozos de tocino y el vino blanco y deje estofar con el recipiente tapado y a fuego moderado 50 minutos. • Quite el tocino y la cebolla y condimente el chucrut con la sal y el azúcar. Justo antes de servir el chucrut, incorpore el cava removiendo. • Sirva con aves o patatas gratinadas.

Nuestra sugerencia: Si desea que el chucrut al cava tenga un sabor más suave, puede eliminar el tocino y prepararlo sólo con la cebolla pinchada. Diez minutos antes de terminar la cocción mezcle con el chucrut de 200 a 300 g de piña fresca, cortada en trocitos y vierta finalmente el cava.

Especialidades

Aquí encontrará platos
clásicos y especialidades
de las cocinas de diferentes
países, así como horneados,
pasteles, tartas y pizzas.

Borschtsch

La vigorosa sopa rusa de remolachas

1½ l de agua
1 cucharadita de sal
1 pizca de pimienta negra
500 g de cuello de ternera
100 g de col blanca
500 g de remolacha
1 cucharada de vinagre de vino tinto
1 raíz de perejil (opcional)
¼ kg de apio nabo
1 cebolla grande
1 puerro pequeño
⅛ l de crema de leche agria
1 cucharada de perejil picado

Receta clásica • Elaborada

Por persona, unos 1 825 kJ/
435 kcal · 34 g de proteínas
22 g de grasas · 25 g de hidratos
de carbono

Tiempo de preparación: 10 min
Tiempo de cocción: 1½ horas

Ponga a hervir el agua con la sal y la pimienta. Lave la carne, échela en el agua hirviendo y déjela cocer. Retire repetidas veces durante los 30 primeros minutos de cocción la espuma que se forme. • Quite de la col las hojas estropeadas, retire el tronco y corte las hojas en tiras. Pele la remolacha, lávela, reserve una y corte las demás en tiras. Ralle la restante y mézclela con el vinagre. Pele o raspe la raíz de perejil y el apio nabo, lávelos y córtelos en dados pequeños. Pele la cebolla y trocéela. Prepare el puerro, lávelo y corte sólo la parte blanca en rodajitas. • Pasados 40 minutos de cocción añada a la carne las verduras cortadas (excepto la remolacha rallada) y deje proseguir la cocción con el recipiente tapado otros 50 minutos. • Corte la carne en dados. Mezcle la sopa con la remolacha rallada y los dados de carne. • Vierta sobre la sopa la crema agria y esparza por encima el perejil.

Sopa casera a la provenzal

Con un postre a base de requesón constituye una comida completa

2 puerros
2 cebollas · 400 g de patatas
4 tomates grandes
2 dientes de ajo
1 hinojo
3 cucharadas de aceite de oliva
½-¾ l de caldo de verduras caliente
½ cucharadita de sal
1 pizca de pimienta de Cayena
1 cucharada de perejil picado

Especialidad francesa

Por persona, unos 1 155 kJ/
275 kcal · 9 g de proteínas
9 g de grasas · 39 g de hidratos
de carbono

Tiempo de preparación: 30 min
Tiempo de cocción: 30 minutos

Corte las hojas verdes oscuras y la raíz de los puerros, córtelos por la mitad, lávelos y córtelos en rodajas. Pele las cebollas y píquelas. Pele las patatas, lávelas y córtelas en rodajas. Escalde los tomates, pélelos, trocéelos y quíteles las semillas. Pele los dientes de ajo y macháquelos. Quite las hojas estropeadas del hinojo y córtelas en tiras. • Caliente el aceite de oliva en una cazuela grande y sofría primero la cebolla y las rodajitas de puerro. Añada después las rodajas de patata, los trozos de tomate, el ajo machacado y las tiras de hinojo y cuézalo a fuego lento cubierto con el caldo de verduras durante 30 minutos. • Pase la preparación por un chino y condimente la sopa con la sal y la pimienta de Cayena. • Sirva esta sopa con el perejil esparcido por encima.

Nuestra sugerencia: En Provenza se sirve la sopa acompañada con rebanadas de pan blanco (baguette) fritas en mantequilla, que se ponen sobre la sopa en platos o tazas justo antes de servirla. Esparza el pereil sobre ellas.

Gazpacho

Una sopa de hortalizas fría refrescante

Tarator

Sopa de pepinos fría: un plato muy veraniego

500 g de tomates · 2 cebollas
2 dientes de ajo grandes
1 pepino · ½ l de agua
1 pimiento rojo grande
2 cucharadas de vinagre de vino
2 cucharadas de aceite de oliva
50 g pan blanco rallado
1 cucharada de tomate concentrado
1 cucharadita de sal
1 pizca generosa de pimienta negra y azúcar
150 g de pan blanco reposado
2 cucharadas de aceite

**Especialidad española ●
Receta clásica**

Por persona, unos 1 535 kJ/
365 kcal · 11 g de proteínas
11 g de grasas · 56 g de hidratos
de carbono

Tiempo de preparación: 15 min
Tiempo de cocción: 2 horas

Escalde los tomates, quíteles la piel, córtelos en octavos y quíteles los pedúnculos. Pele las cebollas y los dientes de ajo y píquelos. Lave el pepino y el pimiento y séquelos. Trocee la mitad del pepino. Corte el pimiento por la mitad, quítele las mebranas y las semillas y trocéelo. Pase las hortalizas preparadas por el pasapurés y bátalas bien con la batidora de varillas junto con el agua, el vinagre, el aceite, el pan blanco rallado y el tomate concentrado. ● Condimente con la sal, la pimienta y el azúcar, hasta que tenga un sabor fuerte. ● Deje reposar el gazpacho 2 horas en el frigorífico. ● Corte el pan blanco en dados pequeños, fríalos en el aceite hasta que estén dorados y déjelos enfriar. Pele la cebolla y píquela finamente. Corte el resto del pepino en dados pequeños. ● Sirva los picatostes, la cebolla picada y los dados de pepino aparte con el gazpacho.

3 dientes de ajo
1 cucharadita de sal
4 cucharadas de aceite de oliva
1 kg de pepinos
450 g de yogur natural
⅛ l de crema de leche agria
1 pizca de sal y pimienta blanca
4 cucharaditas de eneldo finamente picado
2 cucharadas de avellanas molidas

**Especialidad búlgara ●
Receta integral**

Por persona, unos 1 195 kJ/
285 kcal · 8 g de proteínas
21 g de grasas · 16 g de hidratos
de carbono

Tiempo de preparación: 10 min
Tiempo de cocción: 2 horas

Pele los dientes de ajo, trocéelos y macháquelos con la sal. Vierta el aceite de oliva gota a gota sobre la mezcla de ajo removiendo constantemente. Pele los pepinos, rállelos y bátalos con el yogur, la crema agria y el alioli preparado anteriormente. Salpimente la sopa y déjela enfriar tapada como mínimo durante 2 horas. ● Sirva la sopa en tazas con dos cubitos de hielo en cada una y adórnela con eneldo y las avellanas molidas.

Nuestra sugerencia: Si prefiere esta sopa ligera y refrescante aun más pobre en calorías, puede utilizar yogur natural desnatado. Aunque ya no sería al estilo búlgaro, sino más bien americano, puede preparar la sopa sin pepinos, sofriendo tomates rojos carnosos en 4 cucharadas de aceite, sin ajo, pasándolos luego por el pasapurés y dejándoles dar un hervor con 2 cucharaditas de maicena desleída en agua fría y, una vez enfriado, mezclado con el yogur y la crema agria.

Guisos de hortalizas famosos

Las gambas y la carne de ternera dan el toque especial

Cazuela finesa de hortalizas

Al fondo de la foto

1¼ l de agua · 1 cucharadita de sal · 2 zanahorias grandes

400 g de patatas

200 g de judías verdes

5 rabanitos ·1 coliflor pequeña

200 g de espinacas

2 cucharadas de harina

2 cucharadas de mantequilla ablandada

½ cucharadita de sal · 1 pizca de azúcar y pimienta blanca

400 g de gambas cocidas o colas de cangrejo · 200 g de guisantes

5 cucharadas de crema de leche

2 cucharadas de eneldo picado

Coste medio

Por persona, unos 1 595 kJ/ 380 kcal · 29 g de proteínas 11 g de grasas · 41 g de hidratos de carbono

Tiempo de preparación: 30 min
Tiempo de cocción: 20 minutos

Ponga a hervir el agua con la sal. • Quítele a la coliflor las hojas exteriores, divídala en ramitos y lávelos. Raspe las zanahorias y trocéelas. Pele las patatas y trocéelas. Lave las judías verdes, quíteles los extremos y los hilos y trocéelas. Lave los rabanitos, quíteles los tallos y las puntas y córtelos en trozos. • Eche todas las hortalizas junto con los guisantes en el agua salada hirviendo y déjelas cocer 15 minutos. • Prepare las espinacas, límpielas, píquelas y déjelas cocer 5 minutos. Vierta las hortalizas en un colador y recoja el líquido de cocción. • Amase la harina con la mantequilla. Deslía la mezcla en el líquido de cocción con la batidora de varillas y deje cocer 5 minutos. Condimente el fondo de cocción con la sal, el azúcar y la pimienta. Caliente las gambas o las colas de cangrejo. Vuelva a echar las hor-

talizas. • Incorpore la crema al guiso. Sírvalo con el eneldo esparcido por encima.

Garbure

Guiso de hortalizas de Béarn
En primer plano de la foto

1½ l de agua

1 cucharadita de sal · ½ cebolla

500 g de pecho de ternera

1 hoja de laurel · 1 zanahoria

4 nabos · 400 g de patatas

200 g de col · 250 g de judías

1 trozo de apio nabo

1 ramita de levístico

2 ramitas de perifollo

1 pizca de sal y pimienta blanca

1 cucharada de perejil picado

Especialidad francesa

Por persona, unos 1 220 kJ/ 290 kcal · 28 g de proteínas 8 g de grasas · 26 g de hidratos de carbono

Tiempo de preparación: 10 min
Tiempo de cocción: 1 h y 10 minutos

Ponga a hervir el agua con la sal y eche el pecho de vaca. Añada la cebolla y la hoja de laurel y deje cocer todo con la cazuela abierta durante 30 minutos; retire la espuma que se forme durante este tiempo. • Corte en dados la zanahoria, los nabos y las patatas peladas, el repollo en tiras y las judías en trozos. Raspe el apio nabo, pélelo y trocéelo. • Pasados 30 minutos del tiempo de cocción, agregue todas las hortalizas, el levístico y el perifollo a la carne y déjelo cocer todo otros 40 minutos. • Corte la carne en dados y vuélvala a echar al guiso. Salpimente la Garbure y esparza el perejil picado por encima.

El chucrut de otra forma

Fuerte, vigoroso e irresistible

Chucrut a la alsaciana

A la izquierda de la foto

Ingredientes para 8 personas:

2 kg de chucrut · 1 cebolla
1 hoja de laurel · 2 clavos
1 diente de ajo
5 bayas de enebro
½ l de vino blanco seco
4 cucharadas de grasa de oca
½ cucharadita de sal
8 patatas pequeñas
200 g de tocino entreverado
600 g de costillar de cerdo ahumado
8 salchichas ahumadas

Especialidad francesa

Por persona, unos 2 750 kJ/ 655 kcal · 30 g de proteínas 55 g de grasas · 19 g de hidratos de carbono

Tiempo de preparación: 10 min
Tiempo de cocción: 2 horas

Lave el chucrut con agua tibia, escúrralo muy bien y échelo en una cazuela amplia. • Pele la cebolla y pinche en ella la hoja de laurel con los clavos. Pele el diente de ajo. Añada ambos al chucrut junto con las bayas de enebro y el vino blanco. Agregue de 1 a 2 tazas de agua. Mezcle la manteca de oca y la sal con el chucrut y déjelo cocer tapado durante 2 horas; déle vueltas un par de veces durante la cocción. • Pele las patatas, lávelas y al cabo de 1½ horas, agréguelas al chucrut y prosiga la cocción. Sumerja el tocino, el costillar y las salchichas ahumadas en agua hirviendo a borbotones y déjelos hervir 30 minutos. • Saque la cebolla y el ajo del chucrut. Ponga el chucrut en una fuente y coloque las patatas alrededor. Trinche la carne y las salchichas y póngalas sobre el chucrut.

Rollitos de col a la húngara

A la derecha de la foto

1 cucharadita de sal · 1 cogollo de col pequeño (800 g)
1 cebolla pequeña · 1 l de agua
400 g de carne de cerdo picada
1 huevo · 1 cucharadita de sal
1 pizca de pimentón
2 cucharadas de manteca
500 g de chucrut
100 g de arroz
2 cucharadas de tomate concentrado · ⅛ l de agua
⅛ l de crema de leche agria

Elaborada

Por persona, unos 2 520 kJ/ 600 kcal · 27 g de proteínas 39 g de grasas · 36 g de hidratos de carbono

Tiempo de preparación: 20 min
Tiempo de cocción: 40 minutos

Lave el arroz y hiérvalo en el agua salada 12 minutos. • Coja 12 hojas grandes de col (utilice las restantes para otro plato) y blanquéelas 5 minutos en el agua salada hirviendo. Deje escurrir después las hojas y recorte los nervios gruesos. • Pele la cebolla y píquela. Mezcle la carne de cerdo con la cebolla, el huevo, la sal, el pimentón y el arroz escurrido. • Ponga por tandas 3 hojas de col unas sobre otras, ponga un cuarto de la mezcla de arroz y carne picada por encima y enrolle las hojas formando rollitos; átelos con un bramante o cierre con palillos. • Derrita la manteca en una fuente refractaria y fría en ella los rollitos; sáquelos de la fuente y agregue el chucrut. • Precaliente el horno a 200 °C. • Mezcle el tomate concentrado con el agua y agréguelo al chucrut. Ponga los rollitos encima y hornee unos 40 minutos. • Vierta la crema agria por encima.

Ratatouille

El famoso plato de hortalizas de la Costa Azul

1 berenjena mediana
2 cucharaditas de sal
500 g de calabacines
2 cebollas · 2 pimientos rojos
4 tomates rojos grandes
10 cucharadas de aceite de oliva
3 dientes de ajo
½ cucharadita de cilantro molido
1 cucharadita de albahaca picada
1 pizca de sal y pimienta negra
⅛-¼ l de caldo de verduras
1 cucharada de perejil picado

Especialidad francesa

Por persona, unos 1 660 kJ/
395 kcal · 8 g de proteínas
27 g de grasas · 30 g de hidratos
de carbono

Tiempo de preparación: 50 min
Tiempo de cocción: 45 minutos

Corte la berenjena en rodajas de 1 cm de grosor. Sálelas, póngalas en un plato, oprímalas con un segundo plato encima y déjelas reposar durante 30 minutos. Tire después el líquido amargo que hayan soltado. • Corte los calabacines en rodajas. Pele las cebollas y píquelas. Corte los pimientos en tiras. Escalde los tomates, pélelos y trocéelos. • Caliente el aceite por tandas en una sartén y sofría cada tipo de hortaliza por separado (excepto el tomate) en el aceite, pero sin dejar que se dore. Pele los dientes de ajo y píquelos finamente. Mezcle las hortalizas con el ajo, el cilantro, la albahaca, la sal y la pimienta, échelo todo en una cacerola y añada el caldo de verduras necesario para sobrepasar las hortalizas en 2 cm. Deje rehogar con el recipiente tapado y a fuego lento 30 minutos. • Mezcle después los tomates y el perejil con las hortalizas y prosiga la cocción otros 15 minutos. • Acompañe con pan blanco de barra y chuletas de cordero si lo desea.

Lescó húngaro

El mejor plato con tomates y pimientos

500 g de tomates
500 g de pimientos verdes
2 cebollas grandes
100 g de tocino graso
1 cucharada de pimentón dulce
½ cucharadita de sal
1 pizca de pimienta negra

Receta clásica • Fácil

Por persona, unos 1 070 kJ/
255 kcal · 7 g de proteínas
17 g de grasas · 18 g de hidratos
de carbono

Tiempo de preparación: 20 min
Tiempo de cocción: 30 minutos

Escalde los tomates, pélelos, trocéelos y elimine los pedúnculos. Corte los pimientos por la mitad, quíteles las membranas y las semillas, lávelos, séquelos y córtelos en trozos. Pele las cebollas, córtelas en rodajas y cuartéelas. • Trocee el tocino, derrítalo y dore la cebolla troceada en la grasa del tocino. Añada los trozos de pimiento y fríalos removiendo durante 5 minutos. • Agregue los trozos de tomate, el pimentón, la sal y la pimienta y deje proseguir la cocción con el recipiente tapado y a fuego lento 30 minutos. • Acompañe con arroz hervido y, si lo desea, con salchichas.

Nuestra sugerencia: Para el Lescó no existe ninguna prescripción fija sobre qué tipo de verduras debe utilizarse. Así, por ejemplo, el plato se puede preparar con pimientos rojos y, si lo desea, puede agregar además un trozo de pepino o calabacines. Según el gusto, puede sustituirse también el tocino graso por tocino ahumado entreverado.

Hortalizas salteadas a la china

Verdura rápidamente frita en un wok o sartén oriental

8 setas chinas secas
½ l de agua caliente
4 cebollas · 300 g de apio
300 g de zanahorias
300 g de pimientos rojos
150 g de brotes de bambú
y 150 g de brotes de soja
enlatados · 1 diente de ajo
1 trozo pequeño de rizoma de
jengibre fresco (20 g)
5 cucharadas de aceite de sésamo
4 cucharadas de salsa de soja
½ cucharadita de sal
1 pizca de azúcar y pimienta
negra

Receta clásica

Por persona, unos 1 010 kJ/
240 kcal · 6 g de proteínas
14 g de grasas · 22 g de hidratos
de carbono

Tiempo de preparación: 40 min
Tiempo de cocción: 15 minutos

Ponga a remojar las setas en el agua caliente y déjelas reposar durante 30 minutos. • Prepare las cebollas, el apio y las zanahorias, lávelos y córtelos en tiritas. Corte los pimientos por la mitad, quíteles las membranas y las semillas, lávelos y córtelos en tiras finas. Deje escurrir los brotes de bambú y de soja; corte el bambú en lonchitas. Pele el diente de ajo, trocéelo y macháquelo. Pele el rizoma de jengibre y rállelo. • Caliente el aceite en un wok o en una sartén grande. Sofría el ajo, el jengibre y la cebolla dándoles vueltas sin cesar. • Mida ⅛ l de líquido utilizado para ablandar las setas. Escurra bien éstas y córtelas en cuatro trozos. • Fría las tiritas de apio, las zanahorias y las setas con la mezcla de cebolla unos 4 minutos. • Vierta el líquido de las setas sobre las hortalizas. • Añada las tiras de pimiento y prosiga la cocción removiendo otros 6 minutos. • Condimente con la salsa de soja, la sal, el azúcar y la pimienta. Agregue los brotes de bambú y de soja. • Caliente sin dejar de remover otros 3 minutos. • Acompañe con fideos de arroz y medallones de cerdo.

Patatas con hortalizas

Platos coloridos y entonados

Cazuela de hortalizas napolitana

Al fondo de la foto

500 g de berenjenas	
2 cucharaditas de sal	
2 pimientos · 4 tomates	
600 g de patatas · 2 cebollas	
2 dientes de ajo	
⅛ l de aceite de oliva	
4 hojas frescas de albahaca	
1 cucharadita de sal	
1 pizca de pimienta negra	
2 cucharadas de perejil picado	

Especialidad italiana

Por persona, unos 2 245 kJ/
535 kcal · 10 g de proteínas
33 g de grasas · 49 g de hidratos
de carbono

Tiempo de preparación: 40 min
Tiempo de cocción: 40-50 min

Pele las berenjenas, córtelas por la mitad a lo largo y luego las mitades en tiras. Deje reposar los trozos de berenjena salados 30 minutos. • Prepare los pimientos y córtelos en tiras. Escalde los tomates, pélelos y córtelos en trozos, eliminando los pedúnculos. Pele las patatas y córtelas en tiras. Pele las cebollas y córtelas también en tiras. Pele los dientes de ajo y píquelos finamente. • Cuele el líquido amargo soltado por las berenjenas. • Precaliente el horno a 200 ºC. • Caliente el aceite de oliva en una cazuela refractaria con tapadera. Dore en él la cebolla y el ajo picado y agregue las hortalizas preparadas. Pique finamente las hojitas de albahaca y mézclelas con la verdura junto con la sal y la pimienta. • Tape la cazuela e introdúzcala en el centro del horno de 40 a 50 minutos. • Antes de servir, esparza el perejil por encima. • Acompañe con salchichas si lo desea.

Gratín de cebollas suizo

En primer plano de la foto

600 g de patatas y cebollas	
1 cucharadita de sal	
½ cucharadita de pimienta negra	
¼ l de caldo de verduras	
⅛ l de crema de leche	
150 g de queso Gruyère rallado	
3 cucharadas de mantequilla	
1 cucharada de perejil picado	

Receta clásica

Por persona, unos 1 955 kJ/
465 kcal · 17 g de proteínas
28 g de grasas · 36 g de hidratos
de carbono

Tiempo de preparación: 15 min
Tiempo de cocción: 55 minutos

Pele las patatas y las cebollas y córtelas en rodajas. • Precaliente el horno a 200 ºC. • Ponga las rodajas de patata y de cebolla por capas en una fuente refractaria salpimentando cada una. Vierta por encima el caldo de verduras. • Ponga la fuente a hornear durante 40 minutos. • Mezcle la crema con el queso rallado y repártalo sobre la fuente. Distribuya por encima la mantequilla en copitos y deje dorar otros 15 minutos. • Sirva con el perejil esparcido por encima. • Acompañe con una ensalada verde.

Especialidades europeas

Siempre adecuadas si desea mimar a sus invitados

Endibias al estilo de Bruselas

Al fondo de la foto

4 endibias · ½ l de agua
1 ½ cucharadita de sal
1 cucharada de zumo de limón
500 g de pechugas de pollo
3 cucharadas de mantequilla
1 cucharada de harina · ¼ l de caldo de ave · 2 yemas de huevo
⅛ l de crema de leche
1 pizca de nuez moscada rallada
1 pizca de pimienta blanca
4 lonchas de jamón dulce
4 cucharadas de queso Gouda

Especialidad belga

Por persona, unos 2 060 kJ/ 490 kcal · 43 g de proteínas 32 g de grasas · 8 g de hidratos de carbono

Tiempo de preparación: 30 min
Tiempo de cocción: 25 minutos

Recorte a las endibias la cuña amarga de la base. Ponga a hervir el agua con la sal y el zumo de limón. Deje hervir las endibias 15 minutos. • Trocee finamente la pechuga de pollo y fríala en 2 cucharadas de mantequilla dándole vueltas durante 6 minutos. • Prepare en un cazo una salsa con el resto de la mantequilla, la harina y el caldo de ave, removiéndolo bien; déjela cocer ligeramente 10 minutos. • Mezcle la salsa con la crema, la nuez moscada, la salsa, la pimienta y la carne de pollo. • Precaliente el horno a 200 °C. • Corte las endibias por la mitad y rellene cada una de ellas con el fricasé. Ponga las otras mitades en endibias sobre el relleno y envuélvalas en 1 loncha de jamón. Ponga las endibias en una fuente refractaria. Mezcle el resto del fricasé con las yemas de huevo y el queso y viértalo sobre las endibias. • Deje gratinar la preparación en el horno unos 10 minutos hasta que esté doradita.

Gratín de calabacines a la italiana

En primer plano de la foto

4 calabacines · ½ l de agua
2 cucharaditas de sal
2 pimientos
4 tomates · 2 dientes de ajo
3 ramitas de albahaca fresca
8 filetes de anchoa
3 cucharadas de aceite de oliva
½ cucharadita de sal
150 g de queso fundido

Receta integral

Por persona, unos 1 470 kJ/ 350 kcal · 17 g de proteínas 23 g de grasas · 19 g de hidratos de carbono

Tiempo de preparación: 30 min
Tiempo de cocción: 30-35 min

Lave los calabacines y séquelos. Recorte los extremos y corte los frutos por la mitad a lo largo. Ponga a hervir el agua con la sal. Blanquee en ella las mitades de calabacín 5 minutos, déjelas escurrir, póngalas en una fuente refractaria y sálelas. • Ase los pimientos uniformemente sobre la parrilla o el grill. Pélelos, después córtelos por la mitad, elimine las membranas y las semillas y córtelos en tiras. Escalde los tomates, pélelos y córtelos en trozos. Pele los dientes de ajo y píquelos. Lave la albahaca, séquela y corte las hojas pequeñas. Corte los filetes de anchoa por la mitad a lo largo. • Precaliente el horno a 200 °C. • Caliente 2 cucharadas de aceite. Sofría en él el ajo, la albahaca y las hortalizas, sale y deje rehogar con el recipiente tapado unos 10 minutos. Reparta la mezcla después sobre los calabacines. Ponga encima las tiras de anchoa y esparza sobre éstas el queso; rocíelo todo con el aceite restante. • Hornee de 20 a 25 minutos.

Chili con carne

Una reconfortante cazuela de judías y carne

Ingredientes para 6 personas:

350 g de judías pintas
2 cebollas
2 dientes de ajo
50 g de grasa de riñón de ternera
500 g de pierna de ternera picada
2 cucharaditas de sal
2 pizcas de pimienta negra
½-1 cucharadita de pimienta de Cayena
1 guindilla
1 cucharada de pimentón dulce
¼ l de zumo de tomate

Especialidad mejicana

Por persona, unos 1 745 kJ/
415 kcal · 31 g de proteínas
15 g de grasas · 39 g de hidratos
de carbono

Tiempo de reposo: 12 horas
Tiempo de preparación: 20 min
Tiempo de cocción: 1½ horas

Lave las judías, retire las que estén estropeadas y déjelas reposar cubiertas con agua fría durante 12 horas. • Pele las cebollas y los dientes de ajo y píquelos finamente. Trocee la grasa y derrítala. Dore en ella la cebolla y el ajo picados. Añada la carne picada y sofríala hasta que quede grisácea. Mezcle la carne picada con las judías y el agua en que remojaron, la sal, la pimienta, la pimienta de Cayena, la guindilla triturada, el pimentón y el zumo de tomate. Deje cocer con la cazuela destapada y a fuego lento durante 1½ horas. Remueva con frecuencia durante la cocción y, si fuese necesario, añada un poco más de zumo de tomate.

Nuestra sugerencia: Si tiene prisa, utilice 500 g de judías pintas enlatadas: tras 20 minutos de tiempo de cocción en total, la cazuela de judías mejicanas estará en la mesa. Si lo desea, puede servir la cazuela con 3 ó 4 tomates pelados y troceados, que se añadirán 10 minutos antes de terminar el tiempo de cocción.

Moussaka

Uno de los platos de hortalizas más completos

Ingredientes para 6 personas:
2 cebollas · 5 tomates rojos
1 cucharada de mantequilla
400 g de carne picada, mitad
ternera y cerdo · 2 dientes de ajo
¼ l de vino blanco seco
2 cucharadas de perejil picado
½ cucharadita de sal y pimienta
blanca · 500 g de berenjenas
½ cucharadita de tomillo seco y
romero · ¾ l de leche caliente
2 cucharadas de aceite de oliva
50 g de mantequilla
4 cucharadas de harina
50 g de queso Gruyère rallado

Especialidad de los Balcanes

Por persona, unos 2 310 kJ/
550 kcal · 25 g de proteínas
33 g de grasas · 31 g de hidratos
de carbono

Tiempo de preparación: 30 min
Tiempo de cocción: 1 hora
y 10 minutos

Pele las cebollas y píquelas. Escalde 4 tomates, pélelos y trocéelos. Corte 1 tomate en rodajas. Pele los dientes de ajo y píquelos. Lave las berenjenas y córtelas en rodajas. • Dore la cebolla en la mantequilla. Añada la carne picada y déjela dorar. Incorpore el vino blanco, los tomates troceados, el perejil, la sal, la pimienta, el tomillo y el romero triturados y el ajo, y déjelo cocer todo 40 minutos. • Dore las rodajas de berenjena. • Precaliente el horno a 200 °C. • Prepare una salsa blanca con la mantequilla, la harina y la leche, salpiméntela y déjela cocer 10 minutos. • Ponga en una fuente refractaria alternando las rodajas de berenjena, la mezcla de carne picada y la salsa blanca. Como última capa, ponga rodajas de berenjena y tomate y vierta por encima la salsa blanca. Esparza el queso rallado por encima. • Gratine la moussaka 30 minutos.

Sartén de berenjenas

Un plato exquisito con berenjenas

600 g de berenjenas pequeñas
1 cucharada de sal
3 cebollas
1 diente de ajo
2 tomates rojos
500 g de espaldilla de ternera
deshuesada
1 cucharada de mantequilla
3 cucharadas de aceite
de sésamo
½ cucharadita de sal
2 pizcas de pimienta negra
molida
½ l de caldo de carne

Especialidad turca

Por persona, unos 1 345 kJ/
320 kcal · 30 g de proteínas
13 g de grasas · 20 g de hidratos
de carbono

Tiempo de preparación: 45 min
Tiempo de cocción: 50 minutos

Lave las berenjenas, córtelas en rodajas, y déjelas reposar 30 minutos. • Pele las cebollas y el diente de ajo, trocéelos y machaque el ajo. Escalde los tomates, pélelos y córtelos en trozos pequeños. Corte la carne en trozos de 2 cm. • Lave las rodajas de berenjena con agua fría y séquelas. • Caliente la mantequilla y el aceite en una sartén grande. Dore en ella las rodajas de berenjena y déjelas escurrir sobre papel de cocina. Dore la cebolla en la grasa, añada los trozos de carne y sofríalos, hasta que estén dorados. Agregue el ajo y los tomates y salpiméntelo todo. Caliente el caldo de carne y viértalo sobre la carne. Deje cocer la carne tapada, durante 30 minutos. • Incorpore después las berenjenas y prosiga la cocción otros 20 minutos. • Acompañe con arroz hervido.

Pastel de cebollas

Adecuado para servir con vino

Ingredientes para 1 placa de hornear:
Para la pasta:
400 g de harina
40 g de levadura de panadero
1 pizca de azúcar
1,5 dl de leche tibia
50 g de mantequilla
½ cucharadita de sal
Para el relleno:
1½ kg de cebollas
1 cucharadita de sal
200 g de tocino entreverado
4 cucharadas de aceite
⅛ l de vino blanco seco
1 pizca de pimienta blanca
½ cucharadita de comino triturado · 3 huevos
1 cucharadita de romero seco
3 cucharadas de crema de leche agria · 1 diente de ajo
2 cucharadas de pan rallado
150 g de queso Emmental
Para la placa del horno: mantequilla o aceite

Receta clásica • Elaborada

15 porciones, cada una unos
1 450 kJ/345 kcal · 11 g de
proteínas · 20 g de grasas
30 g de hidratos de carbono

Tiempo de preparación: incluido
Tiempo de reposo: 1½ horas
Tiempo de horneado: 40 min

Tamice la harina en una fuente, haga un hueco en el centro y desmenuce en él la levadura. Espolvoree el azúcar sobre la levadura y vierta por encima la leche tibia. Amase la levadura con un poco de harina y la leche. Espolvoree con un poco de harina por encima y deje reposar la mezcla tapada durante 15 minutos, hasta que la harina muestre claramente grietas en la levadura. • Corte la mantequilla en copitos y distribúyalos sobre los bordes de la harina, esparza la sal por encima y amase a continuación con la mezcla de levadura hasta obtener una pasta blanda. Amase la pasta hasta que esté homogénea y se desprenda de las paredes de la fuente, después déjela levar tapada en un lugar caliente como mínimo 30 minutos, para que suba; la pasta tiene que duplicar su volumen. • Entre tanto, pele las cebollas y córtelas en anillos finos. Pele el diente de ajo, píquelo finamente y macháquelo con la sal. Corte el tocino en dados pequeños. • Caliente el aceite en una sartén lo suficientemente amplia. Dore los anillos de cebolla removiéndolos bien. Vierta el vino por encima. Añada la pimienta, el comino, el romero triturado y el ajo machacado. Deje rehogar las cebollas tapadas y a fuego lento durante 20 minutos. • Sofría los dados de tocino en una sartén. Engrase la placa del horno. • Extienda la pasta de levadura con un rodillo dándole el tamaño de la placa de hornear, póngala sobre ésta y déjela reposar otros 20 minutos. Precaliente el horno a 200 °C. • Bata los huevos con la crema agria y el pan rallado y mézclelos con las cebollas. Reparta la mezcla de cebollas sobre la pasta de levadura, distribuya por encima los trozos de tocino y esparza sobre ello el queso rallado. • Hornee el pastel de cebollas durante 40 minutos. • Recién horneado córtelo en 15 porciones y sírvalo caliente.

Nuestra sugerencia: Si desea preparar el pastel de cebollas al estilo de Alsacia, prepare pasta con 400 g de harina, de 150 a 200 g de mantequilla, 1 cucharadita de sal, 1 huevo y tanta agua como sea necesaria para obtener una pasta homogénea. La mezcla de cebollas se condimenta en Alsacia con sal, pimienta y nuez moscada rallada. Sólo se utilizan unos 100 g de tocino entreverado y se mezcla 1 dl de crema de leche espesa en los huevos.

Tarta de apio

Un acompañamiento perfecto para vinos jóvenes

Empanada griega de espinacas

Un relleno delicioso envuelto en finísimo hojaldre

Ingredientes para 1 molde desmontable de 26 cm de diámetro:
Para la pasta:
200 g de harina · 1 pizca de sal
60 g de manteca · ⅛ l de agua
Para el relleno:
700 g de apio · ½ l de agua
½ cucharadita de sal
2 cebollas medianas · 4 huevos
3 cucharadas de crema de leche
100 g de queso parmesano
1 pizca de pimienta blanca
1 pizca de nuez moscada rallada
1 pizca de sal
Para el molde: manteca

Especialidad italiana

12 porciones, cada una unos 800 kJ/190 kcal
8 g de proteínas · 10 g de grasas
17 g de hidratos de carbono

Tiempo de preparación: 30 min
Tiempo de horneado: 40 min

Unte el molde con la grasa. • Prepare una pasta quebrada con la harina, la manteca, la sal y el agua, extiéndala con un rodillo y cubra la base y las paredes del molde. Reserve éste en el frigorífico. • Limpie a fondo los tallos del apio, córtelos por la mitad a lo largo y luego divídalos en trozos pequeños. Ponga a hervir el agua con la sal y cueza en ella los trozos de apio durante 8 minutos. Pele las cebollas y píquelas. • Precaliente el horno a 200 °C. • Deje escurrir el apio. Bata los huevos con la crema de leche. Mézclelos con los trocitos de apio, la cebolla picada y el queso parmesano y condimente bien esta mezcla con pimienta, nuez moscada y sal; viértala en el molde. • Hornee la tarta en el centro del horno durante 40 minutos. • Sírvala a ser posible muy caliente.

300 g de pasta de hojaldre
1 kg de espinacas · 1 l de agua
1 manojo de cebollas
50 g de mantequilla
1 pizca de sal y pimienta blanca
1 pizca de nuez moscada rallada
200 g de queso de oveja
4 huevos · 1 diente de ajo
5 cucharadas de pan rallado
Para pincelar el hojaldre:
1 yema de huevo

Receta clásica

10 porciones, cada una, unos 1 175 kJ/280 kcal · 14 g de proteínas · 16 g de grasas
19 g de hidratos de carbono

Tiempo de preparación: incluido
Tiempo de descongelación: 1 h
Tiempo de horneado: 50 min

Deje descongelar la pasta de hojaldre. • Prepare las espinacas y lávelas bien. Ponga a hervir el agua con la sal. Blanquee en ella las espinacas 4 minutos, déjelas escurrir y píquelas. • Pele las cebollas y el diente de ajo, píquelos y dórelos en la mantequilla derretida. Agregue las espinacas y condimente la mezcla. • Corte el queso en dados. Bata los huevos y mézclelos con el pan rallado, los dados de queso y las espinacas. • Precaliente el horno a 200 °C. Enjuague una placa de hornear con agua fría. • Extienda la pasta de hojaldre y recorte 6 rectángulos. Con 3 láminas de hojaldre cubra la mitad de la placa del horno, para que las láminas de pasta asomen por el borde de la placa. Reparta la mezcla de espinacas por encima, doble los bordes de hojaldre sobre el relleno y ponga el resto de las láminas de hojaldre sobre las espinacas; haga agujeritos en el hojaldre para que escape el vapor durante la cocción. Pincele la empanada de espinacas con la yema de huevo batida y horneéla 50 minutos.

Tarta de puerros

Un plato principal fuerte en forma de tarta

Tarta de queso y tomates

Apropiada como entrada o merienda

Para 1 molde desmontable de
26 cm de diámetro:
Para la pasta:
250 g de harina · 1 pizca de sal
1 huevo · 100 g de mantequilla
Para el relleno:
200 g de tocino entreverado
1 cucharada de aceite · 1 pizca
de sal, de pimienta negra y curry
en polvo · 2 huevos
200 g de jamón serrano
¼ l de crema de leche agria

Elaborada

10 porciones, cada una unos
1 720 kJ/410 kcal · 12 g de
proteínas · 31 g de grasas
21 g de hidratos de carbono

Tiempo de preparación: 15 min
Tiempo de reposo: 1 hora
Tiempo de horneado: 45 min

Para la pasta amase la harina
tamizada con la sal, el huevo
y la mantequilla troceada. Deje
reposar la pasta tapada durante
1 hora en el frigorífico. • Corte los
puerros por la mitad a lo largo, lávelos bien, quíteles las hojas verdes oscuras y las raíces y corte la
parte blanca en rodajas. • Trocee
el tocino y fríalo en el aceite, hasta que esté dorado. Añada las rodajas de puerro, condimente con
la sal, la pimienta y el curry en
polvo y deje proseguir la cocción
con el recipiente tapado a fuego
lento 10 minutos. • Precaliente el
horno a 200 ºC. • Extienda la pasta. Forre con ella la base y las paredes de un molde desmontable.
Pinche la base de la pasta con un
tenedor. Corte el jamón en dados
y repártalos sobre la pasta. Vierta
el relleno de puerros sobre la sal-
chicha. Bata los huevos con la
crema de leche agria, la sal y la
pimienta y vierta sobre los puerros. • Hornee la tarta en el centro del horno 45 minutos.

200 g de pasta de hojaldre
600 g de tomates
3 huevos
1 pizca de sal y pimienta blanca
½ cucharadita de albahaca
recién picada
3 cucharadas de crema de leche
2 cucharadas de petit suisse
1 cucharada de mantequilla
derretida
5 cucharadas de queso Gruyère
recién rallado

Elaborada

8 porciones, cada una unos
860 kJ/250 kcal
8 g de proteínas · 14 g de grasas
12 g de hidratos de carbono

Tiempo de preparación: incluido
Tiempo de descongelación: 40
minutos
Tiempo de horneado: 33 min

Saque la pasta de hojaldre de
su envoltorio y déjela descongelar; extiéndala después en
forma de círculo sobre una superficie enharinada. • Enjuague el
molde con agua fría. Forre la base y las paredes con el hojaldre.
Precaliente el horno a 200 ºC. • Escalde los tomates, pélelos, quíteles los pedúnculos y córtelos en
trozos pequeños. Reparta el tomate sobre el hojaldre. Bata los
huevos con la sal, la pimienta y la
albahaca. Añada poco a poco la
crema, el petit suisse y la mantequilla derretida sin dejar de batir.
Vierta la mezcla sobre los tomates
y esparza el queso sobre el relleno. • Hornee en el centro del
horno 8 minutos. Reduzca después la temperatura a 180 ºC y deje
hornear otros 25 minutos. • Si el
relleno empieza a oscurecerse demasiado al finalizar el tiempo de
cocción, tápelo con papel de aluminio. • Sirva esta tarta a ser posible recién horneada.

Pastel de acelgas con queso

Un refrigerio ideal para acompañar con vino o cerveza

Para 1 molde desmontable de
26 cm de diámetro:

1 kg de acelgas

3 l de agua · 1 cucharadita de sal

100 g de mantequilla ablandada

4 yemas de huevo

250 g de requesón desnatado

⅛ l de crema de leche espesa

150 g de harina

3 cucharadas de sémola

1 pizca de nuez moscada rallada

50 g de pan rallado

100 g de queso Emmental recién
rallado

Para el molde:

Mantequilla y pan rallado

Para la salsa de raiforte:

1 manzana ácida grande

100 g de champiñones

1 cucharada de vinagre de vino

2 cucharaditas de azúcar

2 cucharadas de raiforte rallado

1 pizca de sal y pimienta blanca

⅛ l de crema de leche espesa

Elaborada

8 porciones, cada una unos
1 870 kJ/445 kcal · 16 g de
proteínas · 28 g de grasas
32 g de hidratos de carbono

Tiempo de preparación: 30 min
Tiempo de horneado: 40-50 min

Corte las bases de las acelgas, lave bien las hojas y los tallos con agua fría y separe las hojas verdes de los tallos. Corte las hojas en tiras. Parta los tallos por la mitad a lo largo y córtelos después en tiras finas. Ponga a hervir el agua con la sal y blanquee las acelgas durante 3 minutos, échelas en un colador, escúrralas bien y déjelas enfriar. • Precaliente el horno a 200 ºC. • Bata la mantequilla ablandada con las yemas de huevo hasta que la mezcla esté espumosa. Añádale el requesón, la crema de leche, la harina, la sémola, la sal y la nuez moscada. • Exprima las acelgas y mézclelas

con la preparación de mantequilla. • Unte el molde con mantequilla y espolvoréelo con pan rallado. • Vierta la mezcla de acelgas en el molde y alise la superficie. Mezcle el pan con el queso rallado y espárzalos sobre el pastel. Hornee el pastel de acelgas en el piso inferior del horno de 40 a 50 minutos; si el pastel se tostara demasiado al finalizar el tiempo de cocción, póngale un trozo de papel sulfurizado o de aluminio por encima. • Para la salsa de raiforte, pele la manzana y rállela. Prepare los champiñones, límpielos bien y píquelos finamente. Mezcle la manzana rallada con el vinagre de vino, el azúcar, el raiforte, los champiñones, la sal y la pimienta. Bata la crema de leche hasta que esté firme y mézclela con la preparación de raiforte y manzana. • Sirva la salsa de raiforte con el pastel de acelgas todavía caliente.

Nuestra sugerencia: En vez de acelgas, puede preparar este pastel con espinacas.

Pizza de tomate con base de patatas

Una sabrosa alternativa para una base de pasta

1 kg de patatas harinosas
1 cucharada de zumo de limón
3 huevos
⅛ l de crema de leche
4 cucharadas de vino blanco
1 cucharadita de sal
1 pizca de azúcar
100 g de queso de oveja seco
1 cucharadita de orégano seco
600 g de tomates rojos carnosos
200 g de queso Mozzarella
2 cucharadas de aceite de oliva
Para el molde: aceite

Receta integral • Elaborada

8 porciones, cada una unos
1 490 kJ/355 kcal · 17 g de
proteínas · 21 g de grasas
23 g de hidratos de carbono

Tiempo de preparación: 40 min
Tiempo de horneado: 50 min

Pele las patatas, lávelas, rálle- las, mézclelas con el zumo de limón y póngalas a escurrir en un tamiz fino. • Precaliente el horno a 200 °C. Unte una sartén con aceite. • Bata los huevos con la crema, el vino, la sal, el azúcar, el queso y el orégano triturado, mezcle bien con las patatas ralla- das y vierta la preparación en la sartén. • Hornee la base de pata- tas en el centro del horno durante 30 minutos; si fuera necesario cú- brala con papel sulfurizado para que no empiece a dorarse al cabo de 15 minutos del tiempo de coc- ción. • Lave los tomates, séque- los, quíteles los pedúnculos y cór- telos en rodajas. Corte la Mozza- rella también en rodajas. • Al ca- bo de 30 minutos de cocción al- terne las rodajas de tomate y de queso encabalgándolas sobre la base de patatas. Vierta el aceite por encima gota a gota. • Deje hornear la pizza en el horno otros 20 minutos.

Nuestra sugerencia: Si la base de pizza con patatas le parece dema- siado elaborada, puede preparar- la con una base de pasta levada.

Pizza de berenjenas

Pizza festiva con solomillo de ternera

Pizza de alcachofas

Mejor con alcachofas muy jóvenes

| Ingredientes para 1 molde |
| de 30 cm de diámetro: |
| Para la pasta: |
| 200 g de harina · 15 g de |
| levadura · ½ cucharadita de sal |
| ⅛ l de agua templada |
| 1 cucharada de aceite de oliva |
| Para el relleno: |
| 300 g de solomillo de ternera |
| 2 cucharadas de aceite de oliva |
| 1 cucharadita de hierbas |
| 2 dientes de ajo · 600 g de |
| berenjenas · 300 g de tomates |
| ½ cucharadita de sal |
| 1 pizca de pimienta blanca |
| 100 g de queso de oveja seco |
| 1 cucharada de mantequilla |
| Para el molde: aceite de oliva |

Especialidad italiana

8 porciones, cada una unos
1 090 kJ/260 kcal · 15 g de
proteínas · 11 g de grasas
25 g de hidratos de carbono

Tiempo de preparación: incluido
Tiempo de reposo: 1 hora
Tiempo de horneado: 30 min

Prepare una pasta levada con los ingredientes de la receta: Pastel de cebollas (página 112). • Corte el solomillo en tiras y déjelas adobar tapadas en el aceite con las hierbas trituradas 20 minutos. • Pele los dientes de ajo, píquelos y macháquelos. Corte las berenjenas y los tomates en rodajas. • Precaliente el horno a 200 °C. Unte el molde con aceite. • Extienda la pasta levada dándola forma de círculo y cubra el molde con ella, formando un pequeño borde. • Reparta las tiras de solomillo con las rodajas de berenjena y tomate sobre la base de la pizza. Condimente con la sal, la pimienta y el ajo machacado y vierta por encima el adobo de la carne. Esparza el queso sobre la pizza y reparta la mantequilla en copos por encima. • Hornee 30 minutos.

| Ingredientes para un molde |
| de 30 cm de diámetro: |
| Para la pasta: |
| 15 g de levadura |
| ⅛ l de agua templada |
| 1 cucharada de aceite de oliva |
| 1 pizca de sal · 200 g de harina |
| Para el relleno: |
| 300 g de atún enlatado |
| 1 diente de ajo pequeño |
| ½ cucharadita de sal |
| 1 cucharada de aceite de oliva |
| 1 cucharadita de tomillo seco |
| 1 pizca de pimienta blanca |
| 16 corazones de alcachofa |
| 2 cucharadas de alcaparras |
| 5 cucharadas de queso |
| parmesano recién rallado |
| 2 yemas de huevo |
| 2 cucharadas de crema de leche |
| 1 cucharada de petit suisse |
| Para el molde: aceite de oliva |

Especialidad italiana

8 porciones, cada una unos
1 325 kJ/315 kcal · 16 g de
proteínas · 15 g de grasas
29 g de hidratos de carbono

Tiempo de preparación: incluido
Tiempo de reposo: 1 hora
Tiempo de horneado: 30 min

Prepare una pasta levada con los ingredientes. • Deje escurrir el atún y divídalo en trozos. Pele el diente de ajo, píquelo y aplástelo, mézclelo con el aceite de oliva, el tomillo, la pimienta y échelo sobre el atún. Cuartee los corazones de alcachofa. • Precaliente el horno a 200 °C. Unte el molde con aceite. • Cubra la base y las paredes del molde con la pasta levada extendida. Reparta los corazones de alcachofa por encima y esparza sobre ellos las alcaparras. Intercale entre ellos los trozos de atún. Bata el queso con las yemas, la crema fresca y el petit suisse y vierta la mezcla sobre la pizza. • Hornee 30 minutos.

Un abanico de posibilidades con las tartas

El éxito de que gozan las tartas queda reflejado en la gran cantidad de posibilidades que ofrecen

Tarta de calabacines

A la izquierda de la foto

Ingredientes para 1 molde de
30 cm de diámetro:

Para la pasta:

250 g de harina de centeno

1 yema de huevo

100 g de margarina vegetal

1 cucharadita de sal

2-4 cucharadas de agua

Para el relleno:

800 g de calabacines · 3 huevos

2 dientes de ajo · 2 cebollas

2 cucharadas de aceite de oliva

2 cucharadas de hojas de berros

4 cucharadas de perifollo

50 g de crema de leche espesa

1 petit suisse grande

100 g de centeno triturado

50 g de margarina vegetal

Receta integral

8 porciones, por cada una unos
1 785 kJ/425 kcal · 11 g de
proteínas · 26 g de grasas
36 g de hidratos de carbono

Tiempo de preparación: 20 min
Tiempo de horneado: 40 min

Precaliente el horno a 200 °C. •
Prepare una pasta quebrada,
extiéndala después con un rodillo
y cubra con ella el fondo y las paredes del molde. • Hornee 15 minutos. • Lave los calabacines y
córtelos en rodajas. Pele los dientes de ajo y las cebollas y píquelos. • Caliente el aceite de oliva y
dore el ajo y la cebolla picados.
Añada las rodajas de calabacín y
sofríalo 5 minutos, y mezcle con
las hierbas. • Vierta la preparación sobre la pasta precocida. Bata los huevos con la crema y el
petit suisse y viértalos por encima.
Esparza el centeno y la margarina
por encima. • Hornee la tarta 25
minutos.

Tarta de endibias

A la derecha de la foto

Ingredientes para 1 molde
de 28 cm de diámetro:

Para la pasta:

250 g de harina de trigo integral

1 yema de huevo

1 cucharadita de sal

100 g de margarina vegetal

2-4 cucharadas de agua

Para el relleno:

800 g de endibias

1 pimiento rojo

2 cucharadas de zumo de limón

1 cucharadita de miel

2 cucharadas de perejil picado

2 huevos · 1 cucharadita de sal

⅛ l de crema de leche agria

5 cucharadas de queso

Emmental recién rallado

5 cucharadas de margarina

vegetal

Receta integral

8 porciones, cada una unos
1 280 kJ/305 kcal · 9 g de
proteínas · 19 g de grasas
24 g de hidratos de carbono

Tiempo de preparación: 20 min
Tiempo de horneado: 40-45 min

Precaliente el horno a 200 °C. •
Prepare una pasta quebrada
con los ingredientes para la pasta,
extiéndala y cubra con ella el fondo y las paredes del molde. •
Hornee la pasta durante 15 minutos. • Entretanto, corte los cogollos de endibias en tiras. Prepare
el pimiento, trocéelo y mézclelo
con las endibias. Mezcle el zumo
de limón, la miel y el perejil. •
Bata los huevos con la sal y la
crema agria y mezcle luego con el
queso. • Vierta la mezcla de hortalizas sobre la pasta precocida,
vierta por encima la mezcla de
crema y huevos y reparta sobre
ello la margarina en copitos. •
Hornee la tarta de 25 a 30 minutos.

Tarta de espárragos

Especialmente deliciosa con espárragos trigueros

Ingredientes para 1 molde
de 28-30 cm de diámetro:

750 g de espárragos trigueros

2 l de agua

1 cucharadita de sal

1 terrón de azúcar

250 g de harina de trigo integral

1 yema de huevo

½ cucharadita de sal

100 g de margarina vegetal

2-4 cucharadas de agua fría

2 huevos

⅛ l de crema de leche

4 cucharadas de queso de bola
recién rallado

Receta integral

8 porciones, cada una unos
1 300 kJ/310 kcal · 10 g de
proteínas · 20 g de grasas
25 g de hidratos de carbono

Tiempo de preparación: 30 min
Tiempo de horneado: 30 minutos

Pele ligeramente los tallos de los espárragos, corte los extremos leñosos y lave los espárragos. Ponga a hervir el agua con la sal y el terrón de azúcar. Forme 4 manojos con los espárragos y átelos con un bramante, póngalos en el agua hirviendo y déjelos hervir unos 10 minutos. • Para la pasta quebrada, tamice la harina en una fuente y amásela rápidamente con la yema de huevo, la sal, la margarina y el agua fría necesaria para obtener una pasta homogénea. • Precaliente el horno a 200 °C. • Extienda la pasta y cubra con ella el fondo y las paredes del molde. • Deje escurrir los espárragos sobre un lienzo, córtelos en trozos de unos 5 cm y repártalos sobre la pasta. • Bata los huevos con la crema y el queso y viértalos sobre los espárragos. • Hornee en el centro del horno 30 minutos.

Tarta de brécoles

Una delicia con jamón ahumado

Ingredientes para 1 molde
de 30 cm de diámetro:

750 g de brécoles

2 l de agua

1 cucharadita de sal

250 g de harina

1 yema de huevo

½ cucharadita de sal

50 g de mantequilla

2-4 cucharadas de agua fría

200 g de jamón ahumado

2 huevos

50 g de crema de leche

1 petit suisse grande

1 cucharadita de albahaca picada

Elaborada

8 porciones, cada una unos
1 115 kJ/265 kcal · 14 g de
proteínas · 13 g de grasas
23 g de hidratos de carbono

Tiempo de preparación: 35 min
Tiempo de horneado: 30 min

Prepare bien los brécoles, quíteles los tallos duros y lave los ramitos. Ponga a hervir el agua con la sal y blanquee los ramitos durante 7 minutos. Escúrralos después en un colador y déjelos enfriar. • Prepare una pasta quebrada con la harina, la yema de huevo, la sal, la mantequilla y el agua. Forre con ella la base y las paredes del molde. Corte el jamón en dados pequeños y repártalos sobre la pasta. • Precaliente el horno a 200 °C. • Distribuya los ramitos de brécol escurridos sobre la pasta. Bata los huevos con la sal y la crema de leche. Añádales la albahaca y vierta la crema de huevo sobre los brécoles. • Hornee la tarta en el centro del horno 30 minutos.

Lo que conviene saber sobre las verduras

Las páginas siguientes le muestran de nuevo toda la variedad de la oferta de verduras y hortalizas. Para cada tipo de verdura encontrará una breve filiación, que trata de sus particularidades, también encontrará posibilidades de combinación con otros alimentos, así como sugerencias de condimentos. Se indican también las temporadas para las cosechas cultivadas al aire libre y se ofrecen indicaciones sobre su correcto almacenamiento y conservación.

Ya se ha hablado del gran valor nutritivo de las verduras y hortalizas para una alimentación completa. Si lee en las descripciones de cada verdura su contenido en sustancias nutritivas, reconocerá en seguida que las verduras son relativamente pobres en calorías, pero en cambio, ricas en las más variadas sustancias nutritivas. Por lo tanto, uno puede saciarse bien a base de verduras y hortalizas. Así, se debería tomar diariamente un tipo distinto, mejor todavía, comidas frecuentes de hortalizas variadas. De este modo se obtienen las más variadas vitaminas y sustancias nutritivas.

Para todos aquellos que quieran o deban comer sin sal, se consigna también si un tipo de verdura es especialmente pobre en sodio. Condimente básicamente las verduras con hierbas realzará su sabor propio.

Acedera

Planta silvestre o cultivada de hojas jugosas y de sabor amargo. Desde hace poco se encuentra en algunos mercados.
Temporada principal: De abril a agosto.
Sustancias nutritivas: Rica en: fibra, potasio, magnesio, hierro, vitaminas A y C; contiene además: proteínas, grasas, hidratos de carbono, calcio, y fósforo; especialmente pobre en sodio.
Unos 105 kJ/25 kcal por 100 g de parte comestible.
Compra: Fíjese en que las hojas sean verdes y jugosas y los tallos crujientes, a ser posible tiernos; no compre plantas demasiado grandes, que estén lacias o descoloridas.
Conservación: Preparada y limpia, envuélvala suelta en papel de aluminio 1 día en el compartimento de verduras del frigorífico.
Preparación: Si recolecta por sí mismo las acederas, evite los prados cercanos a carreteras muy concurridas y asegúrese de que el prado de recolección no ha sido tratado químicamente por lo menos desde hace 3 semanas. Mezcle las acederas con otras verduras de hojas o con lechuga, ya que como «solista» tiene un sabor demasiado intenso.

Acelga

La acelga es muy parecida a la espinaca, pero sus hojas son más largas, ásperas y de sabor agradablemente amargo. La acelga se utiliza como verdura de hoja cuando los tallos no han terminado de crecer. Los tallos fuertes se preparan y cocinan de forma parecida a los espárragos, mientras que las hojas con tallos aún débiles se rehogan breves minutos.
Temporada principal: Invierno.
Sustancias nutritivas: Rica en: fibra, potasio, calcio, hierro, vitaminas A, B_2, ácido fólico y C; contiene además: proteínas, grasa, hidratos de carbono, sodio, fósforo, vitamina B_1 y niacina.
Unos 105kJ/25 kcal por 100 g de la parte comestible.
Compra: Compre las acelgas, igual que las espinacas, a ser posible recién recolectadas. Los tallos crujientes y las hojas frescas sin puntos mustios o descoloridos pueden almacenarse brevemente.
Conservación: La acelga pierde con el almacenamiento rápidamente sus valiosas sustancias. Lo mejor es utilizarla inmediatamente después de comprarla. Si no puede evitar un tiempo breve de almacenamiento, envuelva las acelgas lavadas y limpias en un lienzo húmedo y consérvelas en el compartimento de verduras del frigorífico como máximo 12 horas.
Preparación: Todas las recetas para espinacas se pueden realizar con éxito también con las acelgas. Cocine hojas y tallos juntos, sólo cuando las plantas sean muy jóvenes. A los tallos crecidos quíteles las hojas; cueza con ellos durante los últimos 5 minutos sólo una mínima parte de las hojas, picadas bien finas. Los tallos de las acelgas se cuecen como los espárragos y como mejor saben es en una salsa crema o preparados al estilo polaco. Los condimentos apropiados son ajo, levístico, perejil, pimienta blanca y zumo de limón.

Endibias

Los cogollos alargados de la endibia, de hojas amarillentas muy pegadas unas a otras y puntas muy verdosas, se cultivan protegidos de la luz natural, así adquieren su color pálido y la suave consistencia de sus hojas. El sabor típico de las hojas deliciosamente crujientes es ligeramente amargo.
Temporada principal: De noviembre a marzo.
Sustancias nutritivas: Rica en: fibra, magnesio, vitaminas A y ácido fólico; contiene además: proteínas, grasa, hidratos de carbono, potasio, calcio, fósforo, hierro, vitaminas B_1, B_2, niacina y C; especialmente pobre en sodio.
Unos 65 kJ/15 kcal por 100 g parte comestible.
Compra: Fíjese en que los cogollos estén firmemente cerrados hasta las puntas de las hojas. Las hojas exteriores no deberán mostrar en ningún caso manchas marrones, podridas.
Conservación: Envueltas en varias capas de papel hasta 4 días en el compartimento de verduras del frigorífico.
Preparación: La endibia es muy apropiada para ensaladas, combina bien con frutas dulces o ácidas y nueces, con otras ensaladas de hojas, con zanahorias, pimientos y tomates. Preparada en platos calientes, la endibia queda bien en sopas, en otra preparación, los cogollos partidos por la mitad y envueltos con jamón y queso se sofríen en mantequilla ligeramente dorada. Si desea suavizar su sabor amargo, recorte un poco los cogollos al final de la raíz, qui-

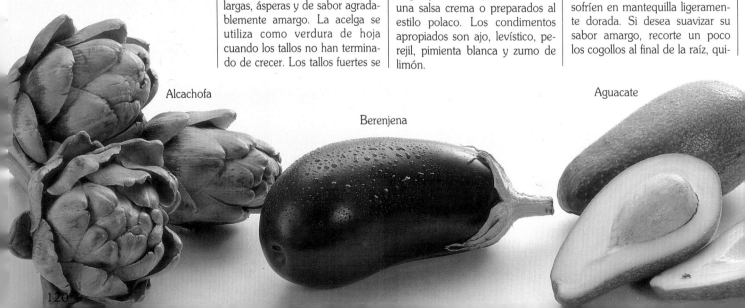

Alcachofa

Berenjena

Aguacate

tando después la cuña amarga que tiene en la base de unos 2 cm, ya que es allí donde se encuentran la mayoría de las sustancias amargas.

Los condimentos apropiados para esta hortaliza son el curry en polvo, eneldo, jengibre, nuez moscada, pimentón, perejil, pimienta blanca y zumo de limón.

Aguacate

Los aguacates tienen una forma parecida a las peras y una piel brillante, granulosa que recuerda al cuero, de color verde oscuro, negro verdusco o violeta oscuro. El interior de este fruto con hueso, es de suave consistencia cremosa y sólo en estado completamente maduro alcanza un suave aroma.

Temporada principal: Todo el año.

Sustancias nutritivas: Rica en: grasa, fibra, potasio, vitaminas E y B_6; contiene además: proteínas, hidratos de carbono, calcio, fósforo, hierro, vitaminas A, B_1, B_2, niacina, pantotenato y C; es especialmente pobre en sodio.

Unos 985 kJ/235 kcal por 100 g de parte comestible.

Compra: El color de la piel no dice nada sobre la calidad de los aguacates. Los frutos maduros ceden ligeramente a la presión del dedo por la parte del tallo.

Conservación: Deguste los frutos maduros a ser posible inmediatamente, los que estén todavía sin madurar, déjelos reposar a temperatura ambiente de 3 a 4 días. No conserve los aguacates en el frigorífico, después del transporte no soportan ya más frío.

Preparación: Los aguacates se pueden preparar en sopas, deliciosos cócteles y ensaladas, pero también en los postres. Su delicado sabor propio va bien tanto con especias picantes como con combinaciones dulces. Como entrada

puede servir el fruto partido por la mitad —sin el hueso—, cubierto con un aliño o una vinagreta o puede presentar la carne vaciada, troceada y mezclada con gambas o cangrejos, filetes de anchoa o encurtidos en su cáscara.

Los condimentos apropiados son la pasta de anchoas, pimienta de Cayena, perejil, pimienta verde y blanca, así como zumo de limón.

Alcachofas

Las alcachofas son los capullos sin abrir de un cardo, de gusto agradablemente sabroso y amargo. Los frutos tempranos tienen con frecuencia las hojas de los capullos violetas, los más tardíos verdes, pero no se diferencian casi en el sabor. De las alcachofas jóvenes y pequeñas se pueden comer las hojas enteras, de las alcachofas crecidas se recortan las hojas en un tercio, ya que las puntas son demasiado duras y fibrosas. En la cocina elaborada, los fondos de alcachofa se sirven normalmente rellenos con una farsa fina, tanto fríos como gratinados.

Temporada principal: De marzo a mayo y de octubre a diciembre.

Sustancias nutritivas: Rica en: fibra, potasio, fósforo, magnesio, hierro, y vitamina B_1; contiene además: proteínas, grasa, hidratos de carbono, sodio, calcio, vitaminas A, B_2, niacina y C.

Unos 230 kJ/55 kcal por 100 g de parte comestible.

Compra: Compre sólo capullos con las hojas muy juntas, a ser posible carnosa.

Conservación: Envueltas en un lienzo húmedo hasta 3 días en el compartimento de verduras del frigorífico.

Preparación: No cocine las alca-

chofas en recipiente de aluminio; adquieren un color oscuro y gusto metálico. Las alcachofas se consumen cocidas, con diferentes salsas o una vinagreta. La carne de las alcachofas se come pasando los dientes por la base de las hojas. Los capullos más grandes pueden prepararse rellenos con carne picada, arroz o mariscos y hornearse. Para ello quite del centro de los capullos los hilos de la flor, el llamado heno, y las hojitas pequeñas inferiores. Mezcle las hojitas picadas con el relleno. El condimento más apropiado para las alcachofas es el zumo de limón.

Judías

Las judías, son los granos secos provenientes de las vainas que caracterizan las plantas leguminosas. Las que más se emplean son las judías blancas de cáscara especialmente fina, ya que tienen un gusto suave y se deshacen con facilidad al cocerlas. Son muy apreciadas en sopas y guisos. Con menor frecuencia se ofrecen las pequeñas semillas de color amarillo claro con óvalos oscuros en las superficies internas; son casi igual de blandas que las pequeñas alubias blancas, pero se deshacen menos al cocerlas.

Las judías pintas y las arriñonadas, de color marrón, forman parte de las especialidades americanas, como las Baked Beans (ju-

días horneadas) y platos mejicanos. Tienen gran consistencia, conservan su forma al cocerlas y son muy apropiadas para guisos que requieren mucho tiempo de cocción.

Las judías negras son delgadas, alargadas y especialmente aromáticas. Con ellas se preparan platos de verduras y purés.

Las grandes habas de España, de color pardo rojizo con pintas negras, se deshacen rápidamente al cocerlas y por eso se utilizan preferentemente para puré.

Temporada principal: Todo el año.

Sustancias nutritivas: Rica en: proteínas, hidratos de carbono, fibra, potasio, magnesio, hierro, vitaminas E, B_1, y ácido fólico; contiene además: grasa, calcio, fósforo, flúor, vitaminas A, B_2, niacina y C; especialmente pobre en sodio.

Unos 1 365 kJ/325 kcal por 100 g de parte comestible.

Compra: Las legumbres secas no deberían almacenarse más de 1 año después de la cosecha. Al comprarlas fíjese bien en su fecha de caducidad en el envoltorio o la lata. En el caso de la mercancía a granel compruebe las impurezas, las semillas partidas y los parásitos. Las legumbres que han estado demasiado tiempo almacenadas, se reconocen por su piel arrugada y sin brillo.

Conservación: A ser posible en un lugar oscuro, fresco y aireado, no más de 6 meses, ya que desde

Coliflor

Boniatos

Habas

Lo que conviene saber sobre las verduras

la cosecha hasta el momento de la oferta en el abastecimiento han podido pasar meses.

Preparación: Lave las legumbres en agua fría, eliminando las que estén estropeadas, que flotarán en la superficie. Déjelas remojar después en agua hervida y enfriada, durante 12 horas y cuézalas en el mismo agua del remojo, sin sal, según el tipo y la calidad, de 1 a 2 horas. Sale las legumbres una vez cocidas, ya que cocidas con sal no quedan tan blandas. La recomendación de mezclar las legumbres secas con bicarbonato ha pasado de moda, aunque reduce el tiempo de cocción. Según se ha descubierto, el sodio destruye sustancias vitales e influye mucho en el sabor. En la olla exprés se consiguen tiempos de cocción reducidos a un tercio. Las judías ligan bien con las zanahorias, pimientos, tomates y cebollas, así como con la carne de carnero, cordero, ternera y cerdo, con el tocino frito o las salchichas. Los condimentos apropiados son la ajedrea de jardín, pimienta de Cayena, jengibre, orégano, pimentón, pimienta blanca, salvia y tomillo.

Apio

El apio conserva su color claro si se conserva tapado con tierra durante su crecimiento. Utilice los tallos finos en crudo, cueza sólo los tallos gruesos.

Temporada principal: De octubre a marzo.

Sustancias nutritivas: Rica en: fibra, potasio y calcio; contiene además: proteínas, grasa, hidratos de carbono, sodio, fósforo, magnesio, hierro, vitaminas A, B_1, B_2, niacina y C.

Unos 85 kJ/20 kcal por 100 g de parte comestible.

Compra: Fíjese en que los tallos sean verdes, tiernos, elásticos y carnosos y en que las verdes hojas sean frescas.

Conservación: Lavado y envuelto en un lienzo húmedo 3 días en el compartimento de verduras del frigorífico.

Preparación: Sirva las hojas verdes siempre con el plato cocinado. En el caso de los tallos gruesos, quíteles los hilos a lo largo. El apio tiene un sabor propio muy intenso y por ello no necesita ningún condimento especial.

Apio nabo

Los bulbos pequeños son de color terroso claro, aproximadamente del tamaño de un puño y se venden con las hojas verdes. Los bulbos ya crecidos son de color marrón oscuro y pesan hasta 1 kg. El apio nabo se utiliza con frecuencia como condimento, debido a su intenso sabor.

Temporada principal: De octubre a marzo.

Sustancias nutritivas: Rica en: fibra, potasio, vitaminas E y B_6; contiene además: proteínas, grasas, hidratos de carbono, sodio, calcio, fósforo, magnesio, hierro, yodo, flúor y vitaminas A, K, B_1, B_2, niacina y C.

Unos 170 kJ/40 kcal por 100 g de parte comestible.

Compra: En los bulbos jóvenes fíjese en que las hojas verdes estén frescas; los bulbos grandes tienen que ser pesados; con frecuencia se esconden en el interior puntos esponjosos.

Conservación: En el compartimento de verduras del frigorífico 2 semanas; los trozos ya cortados, envueltos en papel de aluminio 1 semana. Para el almacenamiento de invierno guarde los bulbos cubiertos con arena en un lugar oscuro y frío.

Preparación: Hierva o cueza al vapor el apio nabo sin pelar, bien cepillado (según el tamaño, de 40 minutos a 1 hora) o cuézalo al vapor pelado, troceado o cortado en rodajas, de 20 a 30 minutos. Acompañe las hojas jóvenes tiernas, parcialmente picadas, con la verdura cocinada. El apio nabo se puede utilizar también rallado o cortado en palitos pequeños en crudo. El apio nabo combina bien con zanahorias, puerros y patatas o crudo con manzana, piña, zanahorias y nueces. Como condimentos son apropiados las hojas del apio, levístico, perejil, tomillo, zumo de limón y vinagre.

Boniato

Los boniatos se llaman a veces patatas dulces, pero biológicamente no tienen nada que ver con las patatas. Son los tubérculos de un tipo de convolvuláceas provenientes del Caribe. Los boniatos, tienen un sabor ligeramente dulce. Existen diferentes variedades con el interior blanco, amarillo y rojizo, unos más aromáticos que otros. Hervidos tienen la misma consistencia que las patatas harinosas, fritos o asados su sabor es ligeramente dulzón.

Temporada principal: Otoño.

Sustancias nutritivas: Rica en: hidratos de carbono, fibra, potasio, magnesio, hierro, vitaminas A, B_6 y pantotenato; contiene además: proteínas, grasa, calcio, fósforo, vitaminas B_1, B_2 y C; especialmente pobre en sodio.

Unos 400 kJ/95 kcal por 100 g de parte comestible.

Compra: Compre bulbos compactos sin partes podridas; elija a ser posible, ejemplares que acaben en punta por ambos lados, no demasiado grandes.

Conservación: En un lugar seco, aireado y oscuro hasta 2 semanas; no en el frigorífico.

Preparación: Puede hervir los boniatos como las patatas, con su piel y según su tamaño, de 20 a 30 minutos y, terminar de prepararlos según la receta. Su aroma dulce resaltará con un glaseado de miel, con jengibre fresco pulverizado o rallado o con ralladura de naranja. Condimentados de este modo, los boniatos son adecuados como guarnición para la caza, las aves y el cerdo asado. Vigorosamente condimentadas con pimienta de Cayena, pimentón o romero complementan guisos, gratinados o constituyen por sí solos un plato.

Brécoles

Judías verdes

Judías

Berenjenas

Las berenjenas bien maduras tienen una cáscara violeta oscura y alcanzan un peso de 250 a 800 g. Las diminutas semillas dentro de la carne blanca del fruto se pueden comer, igual que su cáscara fina. El fruto se distingue por un sabor amargo agradable, que se puede suavizar, si se desea, dándole el tratamiento apropiado.

Temporada principal: De mayo a octubre.

Sustancias nutritivas: Rica en: fibra y ácido fólico; contiene además: proteínas, grasas, hidratos de carbono, potasio, calcio, fósforo, magnesio, hierro y vitaminas A, B_1, B_2, niacina y C; especialmente pobre en sodio.

Unos 105 kJ/25 kcal por 100 g de parte comestible.

Compra: Seleccione frutos de piel tersa y brillante; incluso la carne de las berenjenas maduras no cede a la presión del dedo. Los frutos blandos con piel arrugada presentan una carne desagradablemente esponjosa.

Conservación: Las berenjenas maduras en el compartimento de verduras del frigorífico hasta 3 días; los frutos aún sin madurar, maduran a temperatura ambiente.

Preparación: Si no le molesta su sabor amargo, prepare el fruto de acuerdo con cada receta. Si desea suavizarlo, corte las berenjenas lavadas y sin pelar, en rodajas o lonchas, sálelas y déjelas reposar durante 15 minutos. La sal retiene las sustancias amargas. Lave después las rodajas con agua fría, séquelas y termine de prepararlas según la receta. Las berenjenas combinan bien con pimientos, tomates y calabacines; son apropiadas también para gratinados con carne picada. Los condimentos apropiados son ajo, pimentón, menta fresca, romero, zumo de limón y cebollas.

Berza

Esta vigorosa col de invierno es extremadamente rica en minerales y vitaminas. Adquiere su aroma agridulce primero por la acción del frío, por la que la concentración contenida en la col se convierte en azúcar. La especie de berza más conocida tiene hojas muy rizadas, con menos frecuencia encontrará la especie con hojas lisas.

Temporada principal: De noviembre a marzo.

Temporada principal: Sustancias nutritivas: Rica en: proteínas, fibra, potasio, calcio, magnesio, hierro, yodo, y vitaminas A, E, B_2, B_6, ácido fólico y C; contiene además: grasas, hidratos de carbono, sodio, flúor y vitaminas B_1 y C.

Unos 230 kJ/55 kcal por 100 g de parte comestible.

Compra: Elija a ser posible las de hojas pequeñas y carnosas; cuente con un 50 % de desperdicio en el tallo.

Conservación: Envuelta en papel de aluminio 1 día en el compartimento de verduras del frigorífico.

Preparación: Ralle los tallos de la berza y elimine las hojas malas. Lave las hojas varias veces, ya que en los pliegues puede haber tierra o arena. Blanquéela 10 minutos en agua salada, después trocéela y déjela hervir durante 1 hora. La berza es un acompañamiento adecuado para los callos y las chuletas ahumadas, pero también va bien en combinaciones menos ricas en calorías, como por ejemplo con puré de patatas y cebollas doradas en mantequilla. En una salsa de yema y crema se suaviza ligeramente su sabor amargo. Los condimentos apropiados son albahaca, cilantro, nuez moscada, pimienta negra y pimienta de Jamaica.

Brécol

El brécol, de brotes morados, como la variedad alabresa o verdes, de tallos rígidos y compactos e inforescencias rizadas, recuerda en su sabor un poco a los espárragos. Por su fino aroma y su suave consistencia los brécoles se cuentan entre las verduras de invierno para ocasiones festivas.

Temporada principal: De noviembre a marzo.

Sustancias nutritivas: Rica en: fibra, potasio, calcio, magnesio, vitaminas A, K, B_2, B_6, ácido fólico, pantotenato y C; contiene además: proteínas, grasas, hidratos de carbono, fósforo, vitaminas B_1, y niacina; especialmente pobre en sodio.

Unos 145 kJ/kcal por 100 g de parte comestible.

Compra: Compre sólo plantas verdes fuertes con hojas, tallos y ramitos tersos. Las inflorescencias mustias se pueden ocasionar con almacenamientos inadecuados o demasiado largos.

Conservación: Envueltos en papel de aluminio hasta 2 días en el compartimento para verduras del frigorífico.

Preparación: Los brécoles no se pueden consumir crudos, pero, no obstante requieren poco tiempo de cocción. Separe los ramitos, lávelos varias veces, pele los tallos como los espárragos finamente de abajo arriba y hágales un corte en forma de cruz en la base. O corte los tallos y hiérvalos aparte 6 minutos, agregue después los ramitos y prosiga la cocción otros 6 minutos.

Hierva los brécoles de 10 a 15 minutos en agua salada, déjelos escurrir y sírvalos después con mantequilla derretida, salsa holandesa o salsa crema. Los brécoles combinan bien con champiñones, zanahorias, espárragos y tomates. Los condimentos apropiados son ajo, nuez moscada, perejil, pimienta blanca, pimienta de Jamaica y zumo de limón.

Calabacín

Los calabacines que pertenecen a la familia de las calabazas, son

Cardo

Endibias

Lo que conviene saber sobre las verduras

frutos parecidos a los pepinos, de 10 a 30 cm de longitud, de piel verde clara hasta verde muy oscura y que muestran a veces también rayas amarillas. Las pequeñas simientes en la carne clara se pueden comer, al igual que la piel.

Temporada principal: De mayo a octubre.

Sustancias nutritivas: Rica en: fibra; contiene además: proteínas, grasas, hidratos de carbono, potasio, calcio, fósforo, vitaminas A, B_1, B_2, niacina y C; especialmente pobre en sodio.

Unos 125 kJ/30 kcal por 100 g de parte comestible.

Compra: Fíjese en pieles blandas que se pueden rasgar ligeramente con la uña. Seleccione sólo frutos compactos, que no cedan a la presión del dedo. Preferentemente elija frutos pequeños, son los más sabrosos.

Conservación: Envueltos sueltos en papel hasta 5 días en el compartimento de verduras del frigorífico.

Preparación: Lo mejor es cortar los calabacines en rodajas sin pelarlos, freírlos, asarlos a la parrilla o cortarlos por la mitad a lo largo, vaciarlos, rellenarlos con una farsa de carne picada o de ave y gratinarlos. Los condimentos apropiados son pimienta de Cayena, eneldo, ajo, perejil, pimienta blanca, menta fresca y zumo de limón.

Calabaza

Existen cientos de especies de calabaza, de formas y colores muy diferentes. Los ejemplares más grandes, las calabazas gigantes, pesan hasta 50 kg. Además de éstas, son también apropiadas para la cocción de verdura la calabaza común, la calabaza de Hubbard, la calabaza bonetera (un fruto de piel clara, que en la forma se parece a los platillos volantes), las pequeñas calabazas de verano, así como los chayotes (un tipo de calabaza verde clara o amarilla con forma de pera, originaria de Sudamérica).

Temporada principal: De agosto a octubre.

Sustancias nutritivas: Rica en: fibra, potasio, vitaminas A y ácido fólico; contiene además: proteínas, grasas, hidratos de carbono, calcio, fósforo, magnesio, hierro, vitaminas B_1, B_2, niacina y C; especialmente pobre en sodio.

Unos 105 kJ/25 kcal por 100 g de parte comestible.

Compra: Cuanta más pequeña sea la calabaza, tanto más tierna y sabrosa será la carne.

Conservación: Calabazas enteras a temperatura ambiente hasta 2 semanas; los trozos de calabaza, envueltos en papel de aluminio hasta 3 días en el compartimento de verduras del frigorífico.

Preparación: Pele siempre las calabazas grandes y quíteles las semillas. Las calabazas no tienen un sabor propio muy marcado y deberían condimentarse con sabores picantes al prepararlas. Los condimentos apropiados son pimienta de Cayena, curry en polvo, jengibre, ajo, pimentón y zumo de limón. La calabaza agridulce acompaña bien los platos de caza o cerdo.

Cardo

El cardo pertenece como su nombre indica a la familia de los cardos. Su sabor recuerda a la alcachofa, con la que está emparentado. Sólo se utilizan los tallos anchos y carnosos de la planta y se consumen siempre cocidos.

Temporada principal: De noviembre a marzo.

Sustancias nutritivas: Rica en: No se conocen indicaciones exactas.

Unos 105 kJ/25 kcal por 100 g de parte comestible.

Compra: Compre sólo cogollos con tallos carnosos claros; compre preferentemente cogollos pequeños. Hay que contar con un 50 % de desperdicio.

Preparación: Envueltos en un lienzo húmedo 2 días en el compartimento de verduras del frigorífico (si es necesario, humedezca de nuevo el lienzo).

Preparación: Corte a los tallos las hojas, las puntas y los extremos. Quite a los tallos, al igual que en el ruibarbo, los hilos a lo largo y rocíe los tallos inmediatamente con zumo de limón, para que no se oscurezcan. Trocee los cardos, cuézalos al vapor unos 20 minutos y sírvalos de una salsa crema. Los cardos van bien con jamón o carne picada y gratinados con queso. Los condimentos apropiados son estragón y zumo de limón.

Cebollas

Existen muchos tipos, que se diferencian externamente por el tamaño, la forma y el color, en cuanto al gusto, oscilan de un sabor dulce y suave a picante y fuerte.

La cebolla amarilla, una cebolla aromática, de cáscara amarillenta e interior blanco de gusto medio fuerte es la que más se utiliza en ensaladas, sopas, platos de patatas, verduras y carne.

La cebolla común o española, extra grande, de cáscara marrón es suave y se utiliza para rellenar o como verdura aparte.

La cebolla roja, de cáscara roja y bordes rojizos en los aros blancos interiores suele ser casi siempre también suave y se puede servir cocida al vapor, asada o rebozada y frita o también como sabrosa guarnición. No obstante, algunas cebollas rojas superan en cuanto al picante a las cebollas amarillas y, por ello, se debería utilizar sólo muy poca como condimento.

Las cebollitas blancas pequeñas deberán probarse antes para emplearlas correctamente. Son suaves; troceadas son apropiadas como ingrediente en las ensaladas, como guarnición en platos de carne picada, y también pueden asarse enteras.

Las cebollas tiernas aunque se encuentran durante todo el verano, tienen en primavera aroma cautivadoramente fino. Los nudos blancos redondos y las hojas en forma tubular de color verde claro se añaden cortadas a las ensaladas y los platos de verduras.

Las escalonias se utilizan, debido a su sabor suave, en todos aquellos platos en los que la cebolla amarilla resulta demasiado fuerte,

Col china

Guisantes

Guisantes secos

por ejemplo, en cócteles especialmente delicados, en ensaladas, salsas y platos de carne finos. Rehogada o glaseada en mantequilla, la escalonia constituye también una exquisita guarnición.

Las rocambolas, también llamadas cebollas plateadas, no representan casi ningún papel dentro de la cocina. Esta pequeña cebolla de siembra sólo se puede comprar encurtida.

Temporada principal: Cebollas tiernas: primavera y verano; cebollas amarillas: todo el año.

Sustancias nutritivas: Rica en: fibra; contienen además: proteínas, grasas, hidratos de carbono, potasio, calcio, fósforo, hierro, yodo, flúor, vitaminas A, E, B_1, B_2, niacina y C; especialmente pobres en sodio.

Unos 165 kJ/40 kcal por 100 g de parte comestible.

Compra: Seleccione sólo cebollas secas, bien rellenas, sin puntos blandos o huecos y sin brotes. En las cebollas tiernas fíjese en que las puntas sean redondas, blancas, no demasiado largas, y tengan hojas frescas crujientes.

Conservación: Las cebollas tiernas en el compartimento de verduras del frigorífico 3 días; todas las demás cebollas se almacenan en un lugar al aire fresco, seco y oscuro, pero no a una temperatura inferior a + 4 °C.

Preparación: Quíteles la cáscara parecida al papel, córteles las raíces y los brotes y prepare las cebollas según la receta. Para dar color al caldo de carne, no pele las cebollas; las cebollas partidas por la mitad, pueden dorarse con la superficie cortada sobre la plancha, de este modo darán sustancias colorantes y aromáticas.

Chucrut

Se elabora con col cortada en tiras y sal, con lo que el azúcar contenido en la col se convierte en ácido láctico, el cual confiere a la col su sabor típico. El chucrut al vino se elabora añadiendo vino durante la cocción. El chucrut es extremadamente rico en sustancias nutritivas, por ello es muy sano.

Temporada principal: En lata todo el año.

Sustancias nutritivas: Rica en: fibra, potasio, vitaminas B_2 y C; contiene además: proteínas, grasas, hidratos de carbono, sodio, calcio, fósforo, hierro, vitaminas A, B_1, B_2, y niacina.

Unos 105 kJ/25 kcal por 100 g de parte comestible.

Compra: Fíjese en la fecha de caducidad, cuando se trate de chucrut envasado o de lata.

Conservación: Las latas y bolsas abiertas, hasta 2 días en el frigorífico.

Preparación: La mejor forma de preparar el chucrut es cocerlo al vapor. Es recomendable conservar una parte del chucrut crudo y mezclarlo picado con el cocido antes de servirlo, para obtener la mayor cantidad posible de sustancias nutritivas. El chucrut se puede servir con salchichas, tocino y carne de cerdo, pero también como ensalada cruda con piña, manzanas, ciruelas pasas y uvas. Mojado con cava constituye una guarnición deliciosa para la caza o las aves.

Los condimentos apropiados son clavos, comino, hojas de laurel, pimentón dulce, pimienta de Jamaica y bayas de enebro.

Col china

La col china —también llamada col de Pekín— es fácilmente digerible, de consistencia blanda y sabor suave. Es adecuada tanto para ensaladas como para platos de verduras. Los cogollos alargados de un color que oscila desde el verde amarillento hasta el verde claro están formados de hojas sueltas y pueden llegar a pesar hasta 1 kg.

Temporada principal: De octubre a marzo.

Sustancias nutritivas: Rica en: fibra, vitaminas, ácido fólico y C; contiene además: proteínas, grasas, hidratos de carbono, potasio, calcio, fósforo, magnesio, hierro, flúor, vitaminas A, B_1, B_2 y niacina; especialmente pobre en sodio.

Unos 65 kJ/15 kcal por 100 g de parte comestible.

Compra: Elija cogollos a ser posible bien cerrados, con hojas frescas tiesas; las hojas con color parduzco se deben a almacenamientos inadecuados.

Conservación: Envuelta en papel de aluminio hasta 10 días en el compartimento de verduras del frigorífico.

Preparación: La col china es adecuada como ensalada cortada en tiras y mezclada con manzana rallada, zanahorias, mandarinas, nueces picadas, lechuga y apio. Como verdura se puede cocinar con guisantes, cebollas tiernas, puerros, zanahorias y setas. Son especialmente deliciosos los rollos de col china rellenos con una carne picada picante. La col china rehogada va bien con la salsa de tomate. Los condimentos apropiados son albahaca, jengibre, perejil, menta, un poco de pimienta de Jamaica y salsa de soja ligera.

Col rizada

La col rizada es un tipo de col de hojas más o menos rizadas, algo sueltas. Las hojas exteriores van del color verde luminoso al verde oscuro, las hojas interiores, del verde al amarillo claro. Cuanto más oscura sea la col rizada, más intensivo será su sabor típico.

Berza

Hinojo

Lo que conviene saber sobre las verduras

Temporada principal: Invierno.
Sustancias nutritivas: Rica en: fibra, potasio, vitaminas, ácido fólico y C; contiene además: proteínas, grasa, hidratos de carbono, calcio, fósforo, magnesio, hierro, vitaminas A, B_1, B_2 y niacina; especialmente pobre en sodio.
Unos 125 kJ/30 kcal por 100 g de parte comestible.
Compra: Elija a ser posible cogollos compactos, bien cerrados.
Conservación: Hasta 5 días en el compartimento de verduras del frigorífico. En una despensa fresca y oscura hasta 1 mes.
Preparación: La col rizada de hojas claras y tiernas es adecuada para cocerla al vapor; la col rizada oscura se blanquea antes 3 minutos, después se corta en tiras y se cuece al vapor. Todas las formas de preparación para la col blanca se pueden aplicar también para la col rizada, aunque el sabor de la col rizada oscura es un poco más fuerte. Los condimentos apropiados son artemisa, cilantro, comino, perejil y pimienta negra.

Coles de Bruselas

Las coles de Bruselas, la especie más pequeña de col son verduras típicas de invierno. Estas coles en miniatura se cultivaron por primera vez en Bélgica y crecen apiñadas en forma de tallos.
Temporada principal: Invierno.
Sustancias nutritivas: Rica en: fibra, potasio, magnesio, hierro, vi-

taminas K, B_2, B_6, ácido fólico y C; contiene además: proteínas, grasa, hidratos de carbono, calcio, fósforo, yodo, vitaminas A, B_1 y niacina; especialmente pobres en sodio.
Unos 210 kJ/50 kcal por 100 g de parte comestible.
Compra: Elija a ser posible coles pequeñas, bien cerradas, de hojas verdes oscuras; las hojas externas sueltas y amarillentas indican un almacenamiento demasiado largo en lugar caliente.
Conservación: Envueltas en papel hasta 2 días en el compartimento de verduras del frigorífico.
Preparación: Quite a las coles de Bruselas las hojas exteriores estropeadas, recorte un poco los troncos y hágales una incisión en forma de cruz. Lave las coles y cuézalas al vapor, según tamaño, de 10 a 15 minutos. Las coles de Bruselas van bien con castañas, albóndigas de carne, jamón o tocino, gratinados con queso, así como en salsa crema. Los condimentos apropiados son hojas de laurel, nuez moscada, pimienta blanca, perejil, salvia y zumo de limón.

Coliflor

La coliflor, que pertenece a la familia de las coles, está formada por inflorescencias o pellas firmes o blancas. Con este tipo de col, de fácil digestión, se pueden preparar sabrosas sopas, ensaladas y platos de verduras.
Temporada principal: Otoño e invierno.
Sustancias nutritivas: Rica en: fibra, potasio, vitaminas K, B_6, ácido fólico, pantotenato y C; contiene además: proteínas, grasas, hidratos de carbono, calcio, fósfo-

ro, magnesio, hierro, yodo, vitaminas A, B_1, B_2 y niacina; especialmente pobre en sodio.
Unos 105 kJ/25 kcal por 100 g de parte comestible.
Compra: Elija inflorescencias que estén estrechamente unidas, de color blanco amarillento, sin manchas oscuras.
Conservación: Envuelta en papel hasta 3 días en el compartimento de verduras del frigorífico.
Preparación: Cueza la coliflor al vapor dispuesta en un colador sobre agua hirviendo o hiérvala en agua sin sal, pero sin dejarla ablandar demasiado; añada la sal tras la cocción, ya que oscurece la coliflor. La coliflor adquiere un sabor especialmente suave, si se cuece en una mezcla a partes iguales de agua y leche. Al sacar la coliflor de su medio de cocción no debería deshacerse. Dividida en ramitos se puede rehogar con muy poco líquido. La coliflor va muy bien con migas de pan rallado doradas en mantequilla; con jamón o carne picada suavemente condimentada. Los condimentos apropiados son pimienta de Cayena, perifollo, nuez moscada, perejil, pimienta blanca, cebollino y hojas de apio.

Colirrábano

Los bulbos de esta hortaliza tienen una piel verde claro o violeta oscuro, no obstante, no hay nin-

guna diferencia entre las dos especies ni en sabor ni en las sustancias contenidas. Las hojas del colirrábano tienen especial valor nutritivo. Por ello, las hojas tiernas deberían añadirse siempre crudas y picadas al plato preparado.
Temporada principal: De mayo a octubre.
Sustancias nutritivas: Rica en: fibra y vitamina C; contiene además: proteínas, grasas, hidratos de carbono, calcio, fósforo, magnesio, hierro, yodo, vitaminas A, B_1, B_2 y niacina; especialmente pobre en sodio.
Unos 125 kJ/30 kcal por 100 g de parte comestible.
Compra: Compre a ser posible bulbos medianos sin desgarros; fíjese en que las hojas verdes estén frescas.
Conservación: Hasta 3 días en el compartimento de verduras del frigorífico.
Preparación: Utilice los bulbos jóvenes crudos para ensaladas o platos crudos, los más grandes para rellenarlos; como verdura, para guisos de verduras o sopas. Como condimentos son apropiados el levístico, nuez moscada, perejil, pimienta blanca y pimpinela.

Colirrábanos

Apio nabo

Pepinos

Patatas

Colinabo

Los colinabos están emparentados con la remolacha azucarera. Sus raíces gruesas y grandes tienen una carne de color anaranjado amarillento, que adquiere un sabor agradablemente agridulce cuando se cuece.

Temporada principal: De octubre a abril.

Sustancias nutritivas: Rica en: fibra, calcio, vitamina B_6, ácido fólico y C; contiene además: proteínas, grasas, hidratos de carbono, potasio, fósforo, hierro, flúor, vitaminas A, B_1, B_2 y niacina; especialmente pobre en sodio.

Unos 190 kJ/45 kcal por 100 g de parte comestible.

Compra: Elija raíces compactas, intactas, sin puntos dañados ni descoloridos; preferentemente elija ejemplares pequeños, ya que su carne es más tierna y tienen menos desperdicio.

Conservación: En el compartimento de verduras del frigorífico hasta 2 semanas; los colinabos ya cortados y envueltos en papel de aluminio 1 semana.

Preparación: Quíteles a los bulbos la parte de la raíz y de las hojas, corte bien la piel gruesa hasta la carne clara del fruto. Trocee los colinabos y hiérvalos o rehóguelos de 40 a 50 minutos. Cocine los colinabos con patatas, puerros, zanahorias y apio; son especialmente sabrosos guisados con carne de cerdo. El puré de colinabos mezclado con mantequilla y crema de leche es un acompañamiento delicado para los asados de cerdo o cordero. Los condimentos apropiados son nuez moscada, artemisa, granos de hinojo, jengibre, comino, pimentón, pimienta blanca, perejil, cebollino y ajenjo.

Diente de león

El diente de león no se redescubrió como planta útil hasta hace poco. Frecuentemente se sirve con otras hierbas silvestres formando parte de ensaladas. El diente de león puede encontrarse en verdulerías especializadas.

Temporada principal: De mayo a septiembre.

Sustancias nutritivas: Rica en: fibra, potasio, calcio, magnesio, hierro y vitaminas A y B_1; contiene además: proteínas, grasas, hidratos de carbono, sodio, fósforo, vitaminas B_2, niacina y C.

Unos 190 kJ/45 kcal por 100 g de parte comestible.

Compra: Elija a ser posible sólo plantas limpias y pequeñas.

Conservación: Lo mejor es usar el diente de león recién recolectado; si no se puede evitar un almacenamiento, conserve el diente de león lavado, escurrido y envuelto suelto en papel de aluminio como máximo 12 horas en el compartimento de verduras del frigorífico.

Preparación: Si recolecta usted mismo el diente de león, evite las praderas cercanas a carreteras muy congestionadas y cerciórese de que el campo no ha sido tratado químicamente desde hace unas 3 semanas. Las hojas jóvenes de diente de león crecen de nuevo durante el verano después de la siega de las praderas, de forma que siempre se vuelve a tener la oportunidad durante varios meses de recolectar diente de león. Aderece el diente de león para ensaladas con salsa vinagreta o con una mezcla de yogur y crema de leche. Como verdura, prepare y cueza el diente de león como las espinacas y sírvalo en una salsa crema. Los condimentos apropiados son pimienta blanca, dados de tocino fritos crujientes y zumo de limón.

Escorzonera

La escorzonera es una raíz alargada de unos 3 cm de grosor de piel negra, a veces marrón clara. El interior blanco y tierno recuerda en el sabor un poco al espárrago y para muchos gourmets es una de las hortalizas más deliciosas.

Temporada principal: De noviembre a marzo.

Sustancias nutritivas: Rica en: hidratos de carbono, fibra, potasio, magnesio, hierro, vitaminas E y B_1; contiene además: proteínas, grasas, calcio, fósforo, vitaminas A, B_2, niacina y C; especialmente pobre en sodio.

Unos 335 kJ/80 kcal por 100 g de parte comestible.

Compra: Elija a ser posible raíces no rastrilladas y que no estén rotas, deben tener una consistencia firme. Las escorzoneras no deben poderse doblar.

Conservación: Envueltas en abundante papel de periódico en un lugar fresco y seco o en el compartimento de verduras del frigorífico hasta 3 días.

Preparación: Cepille las escorzoneras a fondo bajo el chorro de agua fría, pélelas finamente desde la parte gruesa hasta la punta fina y póngalas inmediatamente en una mezcla de agua, harina y vinagre, para que las raíces no se oscurezcan. Si lo desea, trocéelas en trozos antes de cocinarlas. O bien cueza las raíces cepilladas abundante agua salada hirviendo, según su grosor, de 20 a 30 minutos, enfríelas, pélelas y prosiga la cocción de 10 a 20 minutos más. Cuidado: las escorzoneras desprenden una materia colorante rojo-óxido. Límpiese los dedos con zumo de limón o mejor, utilice guantes de goma; en los tejidos casi no se pueden quitar las manchas. Las escorzoneras quedan bien en una salsa crema o hervidas y espolvoreadas con pan rallado dorado en mantequilla.

Los condimentos apropiados son macis, nuez moscada, pimentón dulce y perejil.

Espárragos

El espárrago es el componente más aristocrático de la familia de las hortalizas con tallo. El espárrago blanco de tallo grueso y yemas apretadas es uno de los más apreciados. El espárrago francés tiene las puntas de color violeta, lo que casi no le confiere ninguna diferencia en cuanto al sabor, respecto al espárrago blanco. Algo más sabroso y rico en minerales y vitaminas es el espárrago verde o triguero, ya que éste pasa a la superficie de la tierra y empieza a tomar su color verde con la luz natural. Para un plato de espárragos, seleccione tallos de grosor medio, del mismo tamaño. Para ensaladas, sopas y platos de verdura compre los espárragos finos más económicos.

Temporada principal: Primavera.

Sustancias nutritivas: Rica en: fi-

Colinabo

Berros

Lo que conviene saber sobre las verduras

bra, flúor, vitaminas E. B$_1$, B$_2$, ácido fólico, pantotenato y C; contiene además: proteínas, grasas, hidratos de carbono, potasio, calcio, fósforo, hierro, vitaminas A, K y niacina; especialmente pobre en sodio.

Unos 105 kJ/25 kcal por 100 g de parte comestible.

Compra: Elija espárragos cuyos extremos tengan cortes claros y jugosos; preferentemente tallos de grosor medio no demasiado grandes.

Conservación: El espárrago fresco del día es el que mejor sabe. Si lo tiene que conservar, resérvelo como máximo 24 horas envuelto en un lienzo húmedo en el compartimento de verduras del frigorífico.

Preparación: Para cócteles, mezclas exquisitas de verduras, sopas y adornos utilice sólo yemas de espárragos, el resto de los tallos úselos para otro plato. Los espárragos tienen un aroma propio delicioso, por lo que es mejor condimentarlos muy poco. Es suficiente con añadir al agua hirviendo sal y ½ cucharadita de azúcar, así como un poco de mantequilla. Sirva los espárragos con mantequilla derretida por encima, con migas de pan rallado doradas en mantequilla, con salsa holandesa, con jamón dulce o serrano, con bistecs o patatitas nuevas.

Espinacas

Las espinacas de invierno, que pasan el invierno al aire libre y no se recolectan hasta marzo o abril, tienen las hojas de fuerte consistencia, pero son extremadamente aromáticas. Las espinacas de verano y otoño se caracterizan por sus hojas tiernas, que también son apropiadas para ensaladas.

Temporada principal: Invierno.

Sustancias nutritivas: Rica en: fibra, potasio, calcio, magnesio, hierro, yodo, flúor, vitaminas A, E, K, B$_6$, ácido fólico y C; contiene además: proteínas, grasas, hidratos de carbono, sodio, fósforo, vitaminas B$_1$, B$_2$ y niacina.

Unos 125 kJ/30 kcal por 100 g de parte comestible.

Compra: La característica para reconocer las espinacas recién recolectads son sus hojas frescas, crujientes. En el caso de las espinacas que se arrrancan con su raíz, ésta tiene que estar firme.

Conservación: Dado que las espinacas reducen sus sustancias nutritivas por evaporación en pocas horas a través de la superficie de las hojas, deberían prepararse inmediatamente después de comprarlas y no guardarlas más tiempo. En caso contrario, lávelas, envuélvalas en un lienzo húmedo y consérvelas como máximo 12 horas en el compartimento de verduras del frigorífico.

Calabaza

Preparación: Lave las espinacas a fondo sin escurrirlas, rehóguelas unos 8 minutos y condiméntelas. No coma nunca las espinacas recalentadas; existe el riesgo de que el nitrato contenido en ellas se convierta en nitrito, especialmente dañino para lactantes. Los condimentos apropiados son copos de levadura, perifollo, ajo, levístico, nuez moscada, pimienta blanca y pimienta de Jamaica.

Guisantes secos y garbanzos

Los guisantes secos son las semillas maduras, secas, de los guisantes desgranados. Existen guisantes amarillos, verdes y troceados que se ofrecen pelados o sin pelar. Con los guisantes pelados se puede preparar fácilmente puré y crema de guisantes. Para platos de verdura y guisos deberían utilizarse preferentemente los guisantes sin pelar, ya que son más ricos en sustancias nutritivas. Al pelarlos, se parten con frecuencia en dos mitades, que se ofrecen entonces como guisantes partidos y se usan como los pelados. Los guisantes amarillos son algo más grandes que los verdes, no son proporcionalmente redondos y tienen un color que va del amarillo al marrón claro. Los garbanzos, tienen un gusto que recuerda al sabor de la avellana y una textura ligeramente crujiente. Son un componente clásico en las dietas de los países mediterráneos.

Temporada principal: Todo el año.

Sustancias nutritivas: Rica en: proteínas, hidratos de carbono, fibra, magnesio y vitamina B$_1$; contiene además: grasas, potasio, calcio, fósforo, hierro, vitaminas A, B$_2$, niacina, ácido fólico y C; especialmente pobre en sodio.

Diente de león

Unos 1 450 kJ/345 kcal por 100 g de parte comestible.

Compra: Los guisantes y los garbanzos no deberían almacenarse más de 1 año. Al comprarlos, fíjese en la fecha de caducidad en el paquete o frasco. Si los compra a granel compruebe que no tengan impurezas ni parásitos. Los que hayan estado almacenados demasiado tiempo se reconocen en que tienen la piel arrugada y sin brillo.

Conservación: Lave los guisantes y los garbanzos en agua, eliminando los que estén estropeados, que flotarán en la superficie. Déjelos remojar después 12 horas en agua previamente hervida y enfriada; luego hiérvalos en el agua de remojo y sin sal, de 2 a 3 horas, según tipo y calidad. Los guisantes se cuecen en aproximadamente 1½ horas, los guisantes ya pelados y troceados de 20 a 30 minutos. No sale los garbanzos hasta después de cocerlos, ya que cocidos con sal no quedan bien blandos. En la olla exprés se consiguen tiempos de cocción reducidos aproximadamente en un tercio. Los garbanzos y los guisantes van bien con la carne de cerdo, el tocino frito, las salchichas ahumadas y aros de cebolla dorados. Los condimentos apropiados son artemisa, mejorana, nuez moscada, orégano, perejil, pimienta negra, verdolaga, cebollino y toronjil.

Guisantes

Los guisantes son las semillas jóvenes, inmaduras de la planta del guisante. Desgraciadamente la in-

Puerros

Lentejas

dustria se ha apoderado de este noble vegetal, así, los guisantes se pueden comprar en cualquier tipo de comercio, igual de insípidos, normalmente con la piel gruesa y totalmente pasteurizados y económicos si son enlatados. En cuanto al sabor y a los valores nutritivos, son preferibles los guisantes ultracongelados que los de lata. Mientras estén de temporada, es preferible consumirlos frescos. Para platos de verdura, sopas y guisos son apropiados los llamados guisantes que se desgranan, porque sus vainas fibrosas no son comestibles. La superficie desigual y ligeramente arrugada de las vainas no dice nada sobre la calidad de los guisantes, los cuales deben tener un sabor ligeramente dulce y una consistencia delicada. Para tortillas, guarniciones finas de verduras y exquisitos gratinados son más apropiados los guisantes «azucareros» tirabeques o capuchinos, cuyas semillas son tiernas y de sabor dulce. Estos guisantes se consumen con sus vainas, por lo que se pueden preparar exquisitos platos con ellos.

Temporada principal: Primavera.
Sustancias nutritivas: Rica en: proteínas, fibra, potasio, magnesio, hierro, vitaminas E, K, B_1, B_2, niacina, B_6, ácido fólico, pantotenato y C; contiene además: grasas, hidratos de carbono, calcio, fósforo, flúor y vitamina A; especialmente pobre en sodio.
Unos 335 kJ/80 kcal por 100 g de parte comestible.
Compra: En el caso de los guisantes frescos cuente con que las vainas pueden llevarse hasta el 50 %

del peso. Por tanto, si no se preparan las vainas enteras, habrá que contar con un 50 % de desperdicio. No compre guisantes frescos deben cocinarse todavía jóvenes —es decir no demasiado maduros—, y lo más rápidamente posible, ya que el azúcar contenido en ellos se convierte en fécula, con lo que los guisantes adquieren un sabor harinoso e insípido. En los productos de lata las denominaciones «guisantes de huerta», «finos», «muy finos» y «extrafinos» son puntos de partida sobre la consistencia y la calidad del sabor.
Conservación: Los guisantes frescos en sus vainas, envueltos en un lienzo húmedo como máximo 1 día en el compartimento de verduras del frigorífico.
Preparación: Los guisantes desgranados se rehogan de 20 a 30 minutos según el tamaño y calidad; los tirabeques o guisantes capuchinos muy jóvenes se cuecen de 10 a 15 minutos. Los guisantes están deliciosos salteados en mantequilla o acompañados con una salsa crema. Combinan bien con las cebollas tiernas, las zanahorias, los granos de maíz, las setas y con hojas de lechuga tiernas cortadas finas. Los condimentos apropiados son eneldo, perifollo, nuez moscada, orégano, perejil, pimienta blanca, menta fresca, salvia, cebollino y 1 pizca de azúcar.

Habas

De las habas, no se pueden comer sus vainas verdes, ya que su

carne es demasiado gruesa y fibrosa. Las semillas se desgranan blandas, aunque su tamaño sea grande, y se preparan con ellas platos deliciosos. Las habas tienen una sustancia indigesta, por lo que es mejor no consumirlas crudas. Sólo cociéndolas desaparece el efecto perjudicial sobre la salud.
Temporada principal: Primavera.
Sustancias nutritivas: No existen diferencias con las judías secas al respecto.
Unos 525 kJ/125 kcal por 100 g de parte comestible.
Compra: Las habas desgranadas se ofrecen casi siempre ultracongeladas. Las habas frescas se tienen que desgranar. Igual que las judías verdes, fíjese en que las vainas sean de consistencia firme y muy verdes, a ser posible no compre ninguna deteriorada, ya que de la vaina deteriorada se han podido caer las semillas. Piense que si va a pelar las habas usted mismo obtendrá un desperdicio del 35 al 40 %.
Conservación: Envueltas en papel, 2 días en el compartimento de verduras del frigorífico.
Preparación: Antes de cocer las habas desgranadas, quíteles la fina piel blanca. Hierva las habas en un poco de agua salada unos 20 minutos, para que queden blandas y prepárelas después en una salsa de mantequilla o tomate (utilice el agua de cocción para la salsa). Las habas van bien con tocino frito, con tomates y butifarra negra. Los condimentos apropiados son ajedrea de jardín, curry en polvo, eneldo, perejil, menta y pimienta blanca.

Hinojo

El hinojo, originario de Italia, es un bulbo parecido al apio. Está compuesto por hojas carnosas y nervadas, muy juntas. Los tallos verdes que crecen del bulbo no se utilizan, pero sí las hojas verdes finas. Tiene un sabor suave y anisado muy característico.
Temporada principal: De octubre a abril.
Sustancias nutritivas: Rica en: fibra y vitamina A; contiene además: proteínas, grasas e hidratos de carbono.
Unos 105 kJ/25 kcal por 100 g de parte comestible.
Compra: Compre sólo bulbos compactos, blancos o verdes claros con las hojas verdes frescas; los bulbos de hojas externas secas y parduscas han estado almacenados demasiado tiempo.
Conservación: 2 días en el compartimento de verduras del frigorífico. Antes corte los tallos verdes. Corte también las hojas tiernas, lávelas junto con los bulbos y envuélvalos en un lienzo húmedo.
Preparación: Elimine los nervios duros de las hojas externas. Rocíe inmediatamente el hinojo preparado con zumo de limón para que no se oscurezca. Corte o ralle el hinojo crudo en tiras finas para ensaladas mixtas; como verdura, coja cada una de las hojas por separado y córtelas finamente. Agregue las hojas verdes crudas al plato terminado. Rehogue el hinojo con aceite de oliva virgen en muy poco líquido. Sirva el hinojo

Maíz

Acelgas

Lo que conviene saber sobre las verduras

en una salsa crema acompañando a carnes, aves, así como gratinados de jamón y queso. Los condimentos apropiados son ajo, nuez moscada y zumo de limón.

Judías verdes

La judía verde es la vaina carnosa de las semillas que en ella maduran las judías. Mientras los granos son pequeños y blandos, se utiliza la judía entera. Las judías trepadoras, y las judías de mata, de pequeña altura, proporcionan diferentes judías verdes finas, anchas y planas. Las judías pintas o españolas, abundan en verano pero son menos tiernas que las anteriores. También existen judías de color violeta que se vuelven amarillas durante la cocción y otra variedad de judías amarillas. Hay también judías casi tan finas como un ganchillo. La mayoría de las judías tienen unos hilos que crecen desde el final del tallo hasta la punta de la judía; hay que quitarlos antes de cocerlas. Las judías verdes no se pueden comer crudas, ya que contienen la faseína, cuyos efectos nocivos a la salud no desaparecen hasta que se cuecen.

Temporada principal: De junio a septiembre.

Sustancias nutritivas: Rica en: fibra, magnesio, vitaminas K, B_6, ácido fólico y C; contiene además: proteínas, grasas, hidratos de carbono, potasio, calcio, fósforo, hierro, yodo, flúor, vitaminas A, E, B_1, B_2 y niacina; especialmente pobre en sodio.

Unos 145 kJ/35 kcal por 100 g de parte comestible.

Compra: Compre sólo judías muy verdes o amarillentas firmes, nunca lacias con pintas marrones. Las judías realmente frescas son fuertes, se pueden partir y se pueden oír cómo crujen.

Conservación: Envueltas en papel 2 días en el compartimento de verduras del frigorífico.

Preparación: Compruebe que las judías no tengan hilos, en caso de haberlos, quíteselos. Córtelas una vez lavadas en tiras si son anchas, y parta las judías largas en trozos, las pequeñas déjelas enteras. Hierva las judías unos 10 minutos en agua salada —según el tipo y la calidad, incluso más tiempo—, páselas por el chorro de agua fría, déjelas escurrir y termine de prepararlas al gusto o sofríalas rápidamente con cebolla en grasa, vierta sobre ellas el líquido elegido y déjelas rehogar. Mediante el contacto con la grasa caliente el color verde de las judías queda especialmente luminoso. Las judías saben bien rehogadas en mantequilla, combinadas con carne de ternera o cerdo, jamón, dados de tocino fritos, con patatas, zanahorias, tomates y cebollas. El condimento típico para las judías verdes es la ajedrea de jardín, las judías verdes se pueden condimentar además con ajo, perejil, salvia y tomillo.

Lentejas

Las lentejas son los granos secos de la planta del mismo nombre. Se ofrecen varias clases: lentejas de 6 a 7 mm, lentejas medianas de 4 a 6 mm y lentejas azucareras de menos de 4 mm de diámetro. En cuanto al color, hay lentejas claras o rubias, rojas y negras. Las lentejas negras rara vez pueden encontrarse. El color no influye casi nada en el sabor, sólo el tamaño. Aunque las lentejas grandes son más caras, las pequeñas son las que mejor saben, ya que su parte de cáscara es más grande y las sustancias aromáticas se encuentran fundamentalmente en las cáscaras. Las lentejas recién cosechadas son de color verde claro, por la influencia de la luz se tornan parduscas, de color amarillo oscuro o pardo rojizo, lo que, sin embargo, no tiene ninguna influencia en las sustancias aromáticas y nutritivas.

Temporada principal: Todo el año.

Sustancias nutritivas: Rica en: proteínas, hidratos de carbono, fibra, hierro y vitamina B_1; contiene además: grasas, potasio, calcio, fósforo, flúor, vitaminas A, B_2 y niacina; especialmente pobre en sodio.

Unos 1 385 kJ/330 kcal por 100 g de parte comestible.

Compra: Las lentejas secas de buena calidad se pueden almacenar hasta 3 años. Al comprarlas a granel, fíjese en las impurezas y parásitos; las lentejas que han estado almacenadas demasiado tiempo se reconocen en las semillas partidas y sin brillo. En los platos preparados con lentejas enlatadas fíjese en la fecha de caducidad.

Conservación: A ser posible en un lugar oscuro, fresco y aireado, no más de 2 años, ya que desde el momento de la cosecha hasta la oferta en el comercio han podido pasar de 1 a 2 años.

Preparación: Las lentejas secas no necesitan ponerse en remojo. Lávelas con agua y elimine las estropeadas, que flotarán en la superficie. Las lentejas se cuecen como los garbanzos y las judías sin sal y de 1 a 1½ horas. En la olla exprés conseguirá tiempos de cocción reducidos en un tercio. las lentejas secas se sirven con frecuencia en forma de puré, como acompañamiento de asados, bistecs y carne de caza; pero sobre todo guisadas con puerros, zanahorias, cebollas y tocino. Los condimentos apropiados son miel, vinagre, estragón, clavo, pimentón, perejil, pimienta blanca, zumo de limón y azúcar.

Berros

Los berros no juegan un papel dominante en la cocina de las verduras. No obstante, deberían servirse complementando platos de verduras crudos y calientes. Los berros no sólo proporcionan importantes sustancias vitales, sino también un gusto muy refinado. En el mercado se ofrecen los de jardín de hojas pequeñitas y sembrados en pequeños cartones y los de arroyo o agua, de hojas grandes, que también pueden recolectarse personalmente en las orillas de los arroyos.

Temporada principal: El berro de jardín todo el año, el de arroyo en primavera y verano.

Sustancias nutritivas: Rica en: fibra, potasio, calcio, hierro, vitaminas A y C; contiene además: proteínas, grasas, hidratos de carbono, fósforo, flúor, vitaminas B_1, B_2 y niacina; especialmente pobre en sodio.

Unos 190 kJ/45 kcal por 100 g de parte comestible.

Compra: Fíjese en que las hojitas estén frescas y tengan un color verde.

Zanahorias

Gombos

Pimientos

Conservación: El berro sembrado en caja de cartón se puede conservar fresco de 1 a 2 semanas en la ventana de la cocina; riéguelo de vez en cuando durante este tiempo.

Preparación: Corte los berros de su recipiente con las tijeras de cocina, lávelos bien bajo el chorro del agua fría y déjelos escurrir. Lave a fondo los berros de arroyo y píquelos o utilice las hojas enteras para ensaladas y platos de verduras. Los berros combinan muy bien con gajos de naranja o pomelo.

Lombarda

Las lombardas, esos cogollos de col bien cerrados, de hojas brillantes y color azul verdoso o violeta oscuro, son un placer tanto para la vista como para el paladar. Muchos platos tradicionales son inimaginables sin lombarda.

Temporada principal: Invierno.

Sustancias nutritivas: Rica en: fibra, potasio, vitaminas B_6, ácido fólico y C; contiene además: proteínas, grasas, hidratos de carbono, calcio, fósforo, magnesio, hierro, yodo, flúor, vitaminas A, B_1, B_2 y niacina; especialmente pobre en sodio.

Unos 125 kJ/30 kcal por 100 g de parte comestible.

Compra: Fíjese en que las hojas externas estén brillantes y firmes.

Conservación: 8 días en el compartimento de verduras del frigorífico; los cogollos troceados y envueltos en papel de aluminio 3 días; en una despensa fresca y oscura dispuestos sobre una rejilla 1 mes.

Preparación: Lo mejor es estofar o rehogar la lombarda. Adquiere su particular gusto mediante determinados condimentos, dulces agrios, que originan también su brillante coloración roja. La lombarda se condimenta con una cebolla pinchada con clavos y hoja de laurel o con comino, clavo, pimienta negra, bayas de enebro y zumo de limón. El dulzor lo dan la miel, el zumo de pera, o la jalea de grosellas; del sabor agrio se encargan el vinagre de vino tinto de calidad y un poco de vino tinto. Combinada con manzanas, ciruelas pasas o castañas, la lombarda acompaña la caza y las aves, los asados de cerdo, los rollitos de carne y las ocas y patos asados.

Maíz

Las mazorcas de maíz no se encuentran frescas habitualmente. El verdadero maíz dulce se encuentra ultracongelado y enlatado en el mercado. Las mazorcas de maíz que se nos ofrecen frescas son habitualmente maíz forrajero. Pero estas mazorcas de maíz, también son exquisitas, especialmente si se adquieren en el momento de su madurez.

Temporada principal: Las mazorcas frescas a finales de verano, el grano en lata todo el año.

Sustancias nutritivas: Rica en: hidratos de carbono, fibra, potasio, fósforo, magnesio, vitaminas A, B_6, ácido fólico y pantotenato; contiene además: proteínas, grasas, calcio, vitaminas E, B_1, B_2 y C; especialmente pobre en sodio.

Unos 440 kJ/105 kcal por 100 g de parte comestible.

Compra: En el caso de las mazor-cas recién cosechadas, los granos amarillos claros deberán extraer un jugo blanquecino al rasgarlos con la uña. Esto se puede comprobar a través del empaquetado o quitando las hojas verdes de recubrimiento. En el caso del producto enlatado fíjese en la fecha de caducidad.

Conservación: Como máximo 2 días en el compartimento de verduras del frigorífico, ya que el azúcar contenido en los granos se convierte después en fécula e influye en el sabor.

Preparación: Quite las mazorcas frescas, en caso necesario, las hojas que las envuelven y los hilos. Las mazorcas jóvenes se preparan a la parrilla o se asan y sirven con mantequilla. Las mazorcas con granos ya bien maduros se hierven en agua salada de 20 a 30 minutos antes de freírlas en mantequilla. Los granos de maíz enlatados son de primera calidad y son apropiados para ensaladas y como verdura. Los condimentos apropiados son pimienta de Cayena, curry en polvo, pimentón y pimienta blanca.

Nabos

Existen varios tipos de nabos con formas alargadas o redondas y colores blanco, amarillento o marrón claro. La carne de los nabos es finamente fibrosa y tiene un sabor propio agradablemente suave.

Temporada principal: Primavera y verano.

Sustancias nutritivas: Rica en: fibra, calcio, vitaminas ácido fólico y C; contiene además: proteínas, grasa, hidratos de carbono, potasio, fósforo, magnesio, hierro, vitaminas B_1, B_2 y niacina.

Unos 85 kJ/20 kcal por cada 100 g de parte comestible.

Compra: Elija raíces fuertes indemnes; el tamaño del nabo no dice nada sobre su calidad.

Conservación: 3 días en el compartimento de verduras del frigorífico.

Preparación: Quite a los nabos las raíces y las hojas y cepíllelos bajo el chorro de agua fría, ráspelos o pélelos y prepárelos según la receta. Los nabitos redondos pequeños se sirven normalmente glaseados en una mezcla de azúcar y mantequilla o en una salsa de mantequilla. Los nabos redondos grandes son propicios para rellenar. Los nabos armonizan con perifollo, nuez moscada, perejil, pimienta blanca, pimpinela, escalonias, mostaza y ajenjo.

Gombos

Los gombos son la hortaliza más antigua conocida de los países africanos. Sólo los gombos jóvenes proporcionan platos deliciosos. Los frutos verdes claros de seis cantos están cubiertos con una deliciosa pelusa. En el interior del fruto hay pequeñas semillas blandas, que al cocerlas dan una

Lombarda

Coles de Bruselas

Remolachas

Chirivía

Lo que conviene saber sobre las verduras

sustancia clara con un efecto espesante.

Temporada principal: De octubre a abril.

Sustancias nutritivas: Rica en: fibra, calcio, magnesio, vitamina C; contiene además: proteínas, grasas, hidratos de carbono, potasio, fósforo, hierro, vitaminas A, B_1, B_2 y niacina.

Unos 190 kJ/45 kcal por 100 g de parte comestible.

Compra: A ser posible compre gombos pequeños, como máximo del tamaño de un dedo, con pelusa delicada; los frutos con piel espinosa ya no son comestibles.

Conservación: Envueltos sueltos en papel 2 días en el compartimento de verduras del frigorífico.

Preparación: No pele nunca los gombos, lávelos bien, séquelos y corte los extremos y las partes del tallo. Parta los frutos por la mitad o córtelos en tiras y cuézalos en un poco de agua salada o rehóguelos con berenjenas, granos de maíz, o tomates. Los condimentos apropiados son pimienta de Cayena, guindillas, curry en polvo, jengibre, ajo, cilantro, berros y zumo de limón.

Aguaturma

La aguaturma se conoce también por el nombre de pataca y tapinambo, tiene una carne firme y un sabor que recuerda al de la alcachofa. Por su aspecto externo recuerda a los rizomas frescos de jengibre y por su sabor a las alcachofas. Su consistencia es muy delicada y por ello rallada cruda entra en la composición de ensaladas y cócteles. Estofada o frita, es una hortaliza muy sabrosa. Dado que no contiene fécula sino insulina, un hidrato de carbono, puede enriquecer la dieta de los diabéticos.

Temporada principal: De noviembre a marzo.

Sustancias nutritivas: Rica en: hidratos de carbono, fibra, potasio, magnesio, hierro y vitamina B_1; contiene además: proteínas, grasas, calcio, fósforo, vitaminas A, B_2, niacina y C; especialmente pobre en sodio.

Unos 335 kJ/80 kcal por 100 g de parte comestible.

Compra: Elija a ser posible raíces indemnes y pequeñas, ya que son más blandas y más suaves que las excesivamente grandes.

Conservación: Consúmalas a ser posible el día de su compra, ya que sólo se pueden almacenar cubiertas con arena en lugares frescos.

Preparación: Cepille las aguaturmas bajo el chorro de agua fría y si forman parte de ensaladas rállelas sin pelarlas o cuézalas como las patatas con su piel durante 20

minutos. Para conservar su agradable sabor propio, condiméntelas sólo con zumo de limón y sazónelas con una pizca de comino molido, una pizca de sal y un poco de pimienta blanca, un poco de miel y crema de leche, así como nueces picadas.

Chirivía

Las chirivías poseen una carne harinosa de color marfileño, su sabor recuerda ligeramente al del apio, pero es menos intenso.

Temporada principal: Invierno.

Sustancias nutritivas: Rica en: hidratos de carbono, fibra, potasio y magnesio; contiene además: proteínas, grasas, calcio, fósforo, hierro, vitaminas A, B_1, B_2, niacina, ácido fólico y C; especialmente pobre en sodio.

Unos 295 kJ/70 kcal por 100 g de parte comestible.

Compra: Elija a ser posible raíces indemnes, de pequeñas a medianas y forma proporcionada; los ejemplares excesivamente grandes pueden ser leñosos y ligeramente amargos.

Conservación: En el compartimento de verduras del frigorífico 10 días.

Preparación: Pele finamente las chirivías, córtelas en dados, en tiritas o en rodajas y cuézalas de 20 a 25 minutos. En cuanto al sabor, las chirivías armonizan con zanahorias y patatas, por separado como mejor saben es en una salsa crema. Como condimentos son apropiados el anís, los granos de hinojo o sus hojitas, miel, cilantro molido y perejil.

Patata

Este valioso tubérculo se cultiva en un número casi infinito de especies y su sabor varía según el tipo de suelo. Dado que se encuentran diferentes variedades en cada región, interesan menos los nombres de las especies que las propiedades de cocción de las patatas. Las patatas nuevas se cosechan en primavera y a principios de verano y se pueden hervir enteras sin pelar en agua o cocerse al vapor. Las que se recolectan más tarde son las de carne amarilla y las harinosas, las primeras son adecuadas para freír y gratinar y las segundas, más feculentas, para asarlas enteras, hervirlas o reducirlas a puré. Probando las diferentes clases podrá seleccionar las más adecuadas para cada receta en particular.

Lo mejor es tener disponibles dos clases para las diferentes aplicaciones. Además de sus propiedades de cocción, las patatas se distinguen también en el sabor y en el color. Si prueba primero pequeñas cantidades de las diferentes especies ofrecidas, podrá comprar después la que más le guste, o también almacenarla.

Temporada principal: Las patatas tempranas en primavera, las restantes en verano.

Sustancias nutritivas: Rica en: hidratos de carbono, fibra, potasio, magnesio, vitaminas B_6 y C; contiene además: proteínas, grasa, calcio, fósforo, hierro, yodo, vitaminas A, K, B_1, B_2, niacina y ácido fólico; especialmente pobre en sodio.

Unos 295 kJ/70 kcal por 100 g de parte comestible.

Chucrut

Espárragos

Escorzoneras

Acederas

Compra: Las patatas de una especie deberían tener aproximadamente el mismo tamaño. Fíjese en pieles limpias y sin defectos. Las patatas no deben tener partes picadas, ni verdes, ni brotes.

Conservación: En un lugar aireado, a ser posible fresco y oscuro, fuera de su envase y colocadas en una cesta hasta 3 semanas, en cualquier caso no las ponga jamás en el frigorífico ni a temperaturas bajo cero, ya que entonces se modifica la consistencia del tubérculo, adquiriendo un sabor desagradable dulce. Para almacenar en espacios oscuros sin calefacción, a partir de finales de octubre, utilice sólo especies tardías. En la bodega almacene también las patatas aireadas sobre una rejilla de madera.

Preparación: Cepille las patatas bajo el chorro de agua fría, recorte bien todas las zonas verdes y partes con brotes, ya que contienen amarga solanina (alcaloide). Las patatas cocidas con su piel son las que más conservan las sustancias nutritivas. A ser posible, utilice siempre también el líquido de cocción de las patatas ya peladas. Las patatas se pueden preparar de tantísimas maneras y combinar con otros productos alimenticios, hierbas y especias, que prescindimos aquí de enumerarlas. Junto con verduras, huevos y queso fresco las patatas proporcionan comidas de alto valor nutritivo.

Pepino

Los delgados pepinos de ensalada se ofrecen todo el año como frutos de invernadero. En cualquier caso, el que tiene un sabor más aromático es el pepino cultivado al aire libre, que llega después al mercado junto con el pepino más grueso y pequeño, utilizado para platos de verduras.

Temporada principal: De junio a octubre.

Sustancias nutritivas: Rica en: fibra; contiene además: proteínas, grasas, hidratos de carbono, potasio, calcio, fósforo, magnesio, hierro, yodo, vitaminas A, B_1, B_2, niacina y ácido fólico; especialmente pobre en sodio.

Unos 65 kJ/15 kcal por 100 g de parte comestible.

Compra: Elija frutos compactos sin puntos blandos, de piel brillante y muy verde. Los pepinos tardíos pueden tener la peladura parcialmente amarilla; ello significa que maduran excesivamente rápido, pero que son también especialmente aromáticos.

Preparación: En el compartimento de verduras del frigorífico o en lugares frescos y oscuros 3 días. En el caso de los pepinos ya cortados cubra la superficie cortada con película plástica, consérvelos después sólo 1 día más en el compartimento de verduras del frigorífico.

Preparación: Algunos pepinos contienen al final del tallo sustancias amargas, que no gustan a todo el mundo. Por ello, pruebe unas rodajitas del pepino lavado y sin pelar desde la punta del tallo y recorte tanto como haga falta, hasta que disminuya el sabor amargo. Si pelase el pepino antes de esta prueba, las sustancias amargas podrían repartirse por todo el fruto debido al pelado. Pele el pepino y páselo otra vez brevemente por el chorro de agua. Los pepinos de huerta se cortan por la mitad a lo largo y se elimina con una cuchara las semillas relativamente gruesas; pele después el pepino o rellénelo sin pelar. Los pepinos jóvenes para ensalada cultivados al aire libre se utilizan sin pelar, pero cuidadosamente lavados. Para las ensaladas de pepino, el eneldo es el complemento ideal, pero también van bien con el pepino las hojas de hinojo, la pimpinela, el zumo de limón, la crema de leche, así como los cangrejos. Los pepinos también quedan bien rellenos con una farsa de carne picada o cortados en trozos en salsa de mostaza.

Pimiento

Los pimientos llegan al mercado verdes (aún inmaduros), algunas veces amarillos y rojos seducen por su dulzura y su aroma frutal. Las guindillas, son los miembros picantes de la familia y se utilizan en salsas o como especias (pimienta de Cayena), encontrándose en el mercado frescas, secas o en conserva. Las hay de color verde, amarillo, rojo anaranjado y rojo, pero el color no dice nada sobre sus propiedades picantes.

Temporada principal: De julio a noviembre.

Sustancias nutritivas: Rica en: fibra, vitaminas A, B_6 y C; contiene además: proteínas, grasa, hidratos de carbono, potasio, calcio, fósforo, magnesio, hierro, vitaminas E, B_1, B_2, niacina y ácido fólico; especialmente pobre en sodio.

Unos 105 kJ/25 kcal por 100 g de parte comestible.

Compra: Fíjese en pieles tersas y brillantes, no compre frutos rajados o reventados.

Conservación: En el compartimento de verduras del frigorífico durante 3 días.

Preparación: Para rellenar son adecuados los pimientos verdes grandes, ya que mediante el relleno adquieren un sabor más delicioso. Para los platos de verduras finos y las ensaladas —sobre todo en casos de estómagos sensibles— pele los pimientos: áselos en el horno caliente hasta que se despegue la fina piel brillante; déjelos enfriar después y quíteles la piel. Elimine en los pimientos y en las guindillas todas las semillas y las

Apio

Espinacas

Tomates

133

Lo que conviene saber sobre las verduras

membranas blancas, ya que estas partes albergan la mayor cantidad de picante, sobre todo en las guindillas. Las guindillas frescas se añaden a un plato como condimento en pequeñas cantidades y cortadas finamente. Para platos de verdura escalde las guindillas preparadas en agua salada y déjelas reposar de 12 a 16 horas antes de utilizarlas. Los condimentos apropiados para los pimientos son albahaca, ajo, mejorana, orégano, pimentón y romero.

Puerro

El puerro pertenece a la familia de las liliáceas al igual que la cebolla y el ajo, pero no desarrolla ningún bulbo. El puerro de verano tiene hojas verdes claras que forman un rollo compacto en la parte fibrosa superior y que van convirtiéndose en amarillas y blancas en la parte inferior y terminan en la raíz. Su sabor es más suave que el amargo puerro de invierno. Los puerros de invierno son más gruesos, las hojas verdes oscuras sólo pueden utilizarse como parte de una sopa. Para platos de verdura sólo se usan las partes blancas y amarillas.

Temporada principal: Puerro de verano, verano; puerro de invierno, invierno.

Sustancias nutritivas (parte blanca/amarilla): Rico en: fibra, calcio, vitaminas E, B_6, ácido fólico y C; contiene además: proteínas, grasas, hidratos de carbono, potasio, fósforo, magnesio, hierro, vitaminas A, B_1, B_2 y niacina; especialmente pobre en sodio.

Unos 145 kJ/35 kcal por 100 g de parte comestible.

Compra: No compre puerros de hojas amarillentas, con manchas parduscas y partes podridas. En el puerro de invierno hay que contar con un 50 % de desperdicio, en el de verano con un 30 %.

Conservación: Quitándole las hojas malas envuelto bien en papel 3 días en el compartimento de verduras del frigorífico; ¡cuidado con el traspaso del olor!

Preparación: Lave los puerros siempre muy bien, desplegando bien las hojas, ya que puede haber entre ellas mucha arena y tierra. El puerro de invierno se parte por la mitad a lo largo y se trocea, a continuación se blanquea 10 minutos en agua salada y se termina de preparar según la receta. El puerro de verano se puede rehogar. El puerro va bien acompañado con zanahorias, col, jamón, carne de ternera, gratinado con queso y en salsa crema. Los condimentos apropiados son pimienta de Cayena, estragón, perifollo, ajo, levístico, nuez moscada, perejil y tomillo.

Remolacha

Este tubérculo de color pardo rojizo, que casi llega a alcanzar el tamaño de una manzana, de carne color rojo púrpura, es jugosa, tiene un sabor propio exquisitamente sabroso y puede prepararse en platos de verduras, ensaladas, sopas y en forma de zumo.

Temporada principal: De septiembre a febrero.

Sustancias nutritivas: Rica en: fibra, potasio y ácido fólico; contiene además: proteínas, grasas, hidratos de carbono, sodio, calcio, fósforo, magnesio, hierro, vitaminas A, B_1, B_2, niacina y C.

Unos 190 kJ/45 kcal por 100 g de parte comestible.

Compra: Compre a ser posible raíces redondeadas, pequeñas, sin partes dañadas; cuanto más grande y vieja sea la remolacha, tanto más rica será en celulosa, siendo entonces necesarios tiempos de cocción considerablemente más largos.

Conservación: En el compartimento de verduras del frigorífico envuelta en papel durante 1 semana.

Preparación: Lo mejor es cocer al vapor o hervir lentamente la remolacha sin pelarla de 1 a 2 horas según su tamaño, hasta que se ablande, después se pela y se termina de preparar según la receta. Tenga en cuenta que las remolachas desprenden una sustancia colorante roja muy fuerte, que es difícil de quitar de las manos (use guantes de goma para pelarlas, rallarlas o cortarlas) y casi imposible de los tejidos. Las remolachas van bien con cebollas y armonizan con jengibre fresco rallado, cilantro molido, comino, raiforte rallado, granos de mostaza machacados y zumo de limón.

Col blanca

La col blanca es uno de los tipos más finos de col, de sabor suave y consistencia crujiente, pero delicada. Su buen precio no tiene relación con su valor. La col blanca temprana es todavía muy verde; los cogollos más tardíos, aptos para ser almacenados, tienen las hojas amarillas claras, revestidas de una ligera capa de cera, muy apretadas unas con otras.

Temporada principal: Invierno.

Sustancias nutritivas: Rica en: fibra, magnesio, vitaminas K y C; contiene además: proteínas, grasas, hidratos de carbono, potasio, calcio, fósforo, hierro, yodo, flúor, vitaminas A, B_1, B_2 y niacina; especialmente pobre en sodio.

Unos 105 kJ/25 kcal por 100 g de parte comestible.

Compra: Elija cogollos compactos y cerrados.

Conservación: En el compartimento de verduras del frigorífico durante 1 semana; en una despensa fresca y oscura y sobre una rejilla hasta 2 meses.

Col blanca

Nabos

Aguaturmas

Preparación: Lo mejor es rehogarla. Armoniza muy bien con judías, zanahorias, puerros, apio y cebollas, así como con las carnes de cerdo y cordero, las salchichas ahumadas y el tocino. Como condimento es muy apropiado el comino, pero también la artemisa, borraja, cilantro, levístico, hojas de laurel, nuez moscada, perejil, pimienta blanca y cebollino.

Tomates

Los tomates redondos, de aspecto intachable que se encuentran todo el año, son cultivados en invernadero. No obstante, los de mejor aroma y sabor son aquellos cultivados al aire libre. Además de los tomates redondos mediterráneos se ofrecen los tomates carnosos nervados para platos de verduras y rellenos. Los tomates alargados en forma de pera, son adecuados para rehogar o asar a la parrilla. Los pequeños tomates cerezo, tienen una piel especialmente fina y un sabor muy intenso.

Temporada principal: De julio a septiembre.

Sustancias nutritivas: Rica en: fibra, potasio, magnesio, vitaminas A, K, ácido fólico y C; contiene además: proteínas, grasa, hidratos de carbono, calcio, fósforo, hierro, yodo, flúor, vitaminas B_1, B_2; especialmente pobre en sodio.

Unos 85 kJ/20 kcal por 100 g de parte comestible.

Compra: Fíjese en pieles tersas indemnes y en frutos proporcionalmente colorados, no demasiado blandos.

Conservación: A temperatura ambiente, conservados a ser posible en la oscuridad, 5 días. Los tomates con partes verdes maduran durante este tiempo.

Preparación: Recorte las partes verdes y las del pedúnculo en forma de cuña, ya que contienen solanina, que es difícil de digerir. Para ensaladas y platos de hortalizas, lo mejor es pelar los tomates y quitarles las semillas. Los tomates van bien con cebollas y/o queso de oveja. Los condimentos apropiados son albahaca, estragón, ajo, perejil, pimienta blanca o negra, romero, salvia, cebollino y tomillo.

Zanahoria

Los pequeños retoños de zanahoria, lamentablemente casi no llegan al mercado, sino que son fundamentalmente utilizados por la industria. Las zanahorias de verano y otoño tienen raíces alargadas con finales puntiagudos o romos de diferente grosor.

Temporada principal: De mayo a septiembre.

Sustancias nutritivas: Rica en: fibra, potasio y vitamina A; contiene además: proteínas, grasas, hidratos de carbono, sodio, calcio, fósforo, magnesio, hierro, yodo, flúor, vitaminas K, B_1, B_2, niacina y C.

Unos 170 kJ/40 kcal por 100 g de parte comestible.

Compra: En el caso de las zanahorias de verano atadas en fardos, fíjese en el frescor de las hojas, en el de las zanahorias más tardías fíjese en raíces indemnes sin partes podridas.

Conservación: Las zanahorias de verano a ser posible utilícelas el mismo día de su compra, ya que en seguida pierden humedad y se ponen lacias. Las gruesas zanahorias de otoño consérvelas en un lugar oscuro y aireado, protegidas de la desecación, es decir, envueltas en papel, hasta 1 semana; cuando se trate de grandes existencias, lo mejor es conservarlas en la fresquera en una cesta en una mezcla de arena y tierra hasta 2 meses.

Preparación: Cepille las zanahorias jóvenes bien bajo el chorro de agua fría, no las pele y prepárelas, según el tamaño, enteras o partidas a lo largo; las zanahorias más crecidas ráspelas o pélelas, lávelas y córtelas en tiras, dados o rodajas. Si se trata de zanahorias muy gruesas, saque eventualmente la parte fibrosa amarillenta o ligeramente verdosa del interior de la raíz a lo largo. Las zanahorias son también muy digestivas comidas crudas y especialmente sabrosas. Las zanahorias combinan bien con guisantes, judías verdes, puerros, cebollas, col y apio, crudas con manzanas, naranjas, apio y nueces. Como condimento son apropiados el anís, los granos de hinojo, jengibre, pimienta blanca, pimienta de Jamaica, perejil, menta, miel, jarabe de arce y un poco de grasa para aprovechar mejor la vitamina A.

kJ = kilojulios.
kcal = kilocalorías; todas las sustancias nutritivas citadas se refieren siempre a 100 g de la parte comestible en crudo.

Col rizada

Calabacín

Cebollas

Índice general de la «A» a la «Z»

Índice general de la «A» a la «Z»

Los autores

Annette Wolter

Es una de las autoras de libros de cocina más prestigiosa de Alemania. Desde hace más de 20 años está dedicada a la cocina y el cuidado del hogar, habiéndose dedicado a ellos ya en calidad de colaboradora de revistas para la mujer. Hoy Annette Wolter es una experta reconocida en el campo de la cocina, autora de numerosos *best seller* en libros de cocina y, ha sido premiada varias veces por la «Gastronomische Akademie Deutschlands» (Academia Gastronómica Alemana). Las recetas de sus libros muestran claramente el éxito de la combinación entre los refinamientos culinarios y la sabrosa y sana cocina casera.

Entre sus *best seller* están «Kochen heute» («Cocinar hoy») y los nueve tomos de la serie Kochen-Köstlich wie noch nie (Cocinar mejor que nunca).

«Kochvergnügen» («El placer de cocinar»), «Backvergnügen» («El placer de la repostería»), «Kalte Küche» («Cocina fría») y «Spezialitäten der Welt» («Especialidades del mundo»).

Elke Alsen

Reunió una gran experiencia práctica como joven octrofóloga en las instituciones sociales más variadas y aprendió a alimentar a gente joven en condiciones no siempre favorables. Después pasó a formar parte de la redacción de cocina de una gran editorial hamburguesa, a la que dio un gran impulso, dirigiendo la cocina experimental. Se trataba de encontrar recetas adecuadas para todos los temas imaginables, presentarlas ante la cámara muy fotogénicas y suministrar los textos a la redacción. Entretanto la señora Alsen tiene marido e hijos, casa, jardín, perro y gato. Pero continuará siempre ejerciendo su profesión. Le gusta, por ejemplo, trabajar como estilista en estudios de fotografía gastronómica o revela sus recetas favoritas a los libros de cocina de la editorial Gräfe und Unzer.

Marey Kurz

Procede de una familia germanobáltica. Desde hace más de 20 años cocina para su marido y sus hijos, esforzándose por hacer las comidas de cada día lo más sabrosas posible. Sus propios problemas de salud motivaron a la señora Kurz a ocuparse cada vez más de las comidas integrales. La adaptación consecuente no sólo le proporcionó su propia salud, sino el reconocimiento entusiasta de toda la familia para la nueva forma de nutrición. Así, la señora Kurz escribió su primer libro «Die neue Vollvertküche» («La nueva cocina integral») y —animada por el éxito— poco después «Soja in der Vollwertküche» («La soja en la cocina integral»), así como «Vollwertkost, die Kindern schmeckt» («La cocina integral que gusta a los niños»). Para este libro nos proporcionó naturalmente sus mejores recetas integrales.

Brigitta Stuber

Es una muniquesa auténtica y quiso convertirse sin rodeos en esposa y madre. Este salto de trampolín la obligó a aprender por sí misma todo lo relacionado con la cocina y el cuidado del hogar. Sus artes culinarias inventadas por ella misma encontraron tal aceptación entre sus amistades, que todo el mundo le pedía las recetas. El redactor de una revista creó una columna expresamente para las recetas *stuberianas*, lo que, naturalmente, animó a la autora a realizar otros trabajos periodísticos. Y, como quiere hacer siempre todo al cien por cien, hizo un curso de meritoria en una redacción, trabajando durante años para revistas especializadas. Desde hace 7 años Brigitta Stuber es autora de la editorial Gräfe und Unzer. En este tomo dedicado a las «verduras» ha colaborado también activamente.

Odette Teubner

Su futuro profesional estaba ya preprogramado desde pequeña —ya que creció en el fascinante mundo de un estudio fotográfico entre cámaras, proyectores, cocina experimental y cámaras oscuras. Empezó el aprendizaje con su padre, el internacionalmente conocido fotógrafo culinario Christian Teubner, nada más terminar el colegio. Aunque Odette se convirtió en seguida en una ayuda insustituible para su padre, siguió el consejo de éste, de dedicarse algunos meses en Munich a la fotografía de moda, para evitar la exclusividad. Durante una estancia de varias semanas en Alaska fotografió con entusiasmo paisajes y animales. En la actualidad trabaja exclusivamente en el estudio para fotografía, es una apasionada retratista de niños, con su propio hijo como modelo.

La foto en color de la cubierta nos muestra un plato de Ratatouille (receta de la página 106).

«Cocinar mejor que nunca»

Aves
Las más incitantes maneras de cocinar aves de caza y de corral, con indicaciones sobre su compra, limpieza, trinchado y presentación

Pescado
Las más codiciadas maneras de cocinar pescados y mariscos, con indicaciones sobre su compra, limpieza, preparación y presentación.

Ensaladas
Los modos más delicados de preparar ensaladas, con indicaciones sobre su compra y presentación.

Carnes
Las más delicadas recetas para cocinar y servir las más diversas carnes, con indicaciones sobre su compra, trinchado y presentación.

Repostería
Las recetas más apetitosas para preparar pasteles, tartas, pastas y bollos, con indicaciones sobre su horneado y presentación.

Verduras
Las mejores maneras de cocinar y servir verduras, con indicaciones sobre su compra y preparación sin que pierdan su valor nutritivo.

Sopas y guisos
Las más atractivas maneras de cocinar y servir sopas, caldos, cremas, menestras, cocidos y guisos.

Postres
Las más sabrosas maneras de preparar y servir postres nuevos y tradicionales: helados, frutas, dulces, etc.

Pasta
Las más seductoras maneras de cocinar y servir todo tipo de pasta, con indicaciones sobre su compra, cocción y presentación.

Tentempiés y piscolabis
Las más ingeniosas maneras de preparar y presentar tapas, canapés, aperitivos y entremeses calientes o fríos.

Título original: *Gemüse*

Traducción: *ASEL S.A.*
(Marta Caneda Schad)

CUARTA EDICIÓN

© Gräfe und Unzer GmbH, München, 1985 y
EDITORIAL EVEREST, S. A.
Carretera León-La Coruña km 5 - LEÓN
ISBN: 84-241-2390-5
Depósito Legal: LE: 955-1995
Printed in Spain - Impreso en España

EDITORIAL EVERGRÁFICAS, S. L.
Carretera León-La Coruña km 5
LEÓN (ESPAÑA)